S. Ananda Murugan

Uma visão geral da Internet das Coisas

AF301415

S. Ananda Murugan

Uma visão geral da Internet das Coisas

ScienciaScripts

Imprint

Any brand names and product names mentioned in this book are subject to trademark, brand or patent protection and are trademarks or registered trademarks of their respective holders. The use of brand names, product names, common names, trade names, product descriptions etc. even without a particular marking in this work is in no way to be construed to mean that such names may be regarded as unrestricted in respect of trademark and brand protection legislation and could thus be used by anyone.

Cover image: www.ingimage.com

This book is a translation from the original published under ISBN 978-3-330-34593-5.

Publisher:
Sciencia Scripts
is a trademark of
Dodo Books Indian Ocean Ltd. and OmniScriptum S.R.L publishing group

120 High Road, East Finchley, London, N2 9ED, United Kingdom
Str. Armeneasca 28/1, office 1, Chisinau MD-2012, Republic of Moldova, Europe
Printed at: see last page
ISBN: 978-620-7-63501-6

Copyright © S. Ananda Murugan
Copyright © 2024 Dodo Books Indian Ocean Ltd. and OmniScriptum S.R.L publishing group

Prefácio

A loT (Internet of Things) é um sistema avançado de automação e análise que explora a tecnologia de redes, sensores, big data e inteligência artificial para fornecer sistemas completos para um produto ou serviço. Estes sistemas permitem uma maior transparência, controlo e desempenho quando aplicados a qualquer indústria ou sistema.

Os sistemas loT têm aplicações em todos os sectores através da sua flexibilidade única e capacidade de se adaptarem a qualquer ambiente. Melhoram a recolha de dados, a automatização, as operações e muito mais através de dispositivos inteligentes e de uma poderosa tecnologia de suporte.

Este livro tem como objetivo fornecer uma introdução completa à loT. Apresenta os conceitos-chave da loT, necessários para a utilização e implementação de sistemas loT.

ÍNDICE DE CONTEÚDOS:

CAPÍTULO 1
INTRODUÇÃO À INTERNET DAS COISAS (IoT)

Internet das coisas

A **Internet das coisas (IoT)** é a interconexão de dispositivos físicos, veículos, edifícios e outros objectos com eletrónica, software, sensores, actuadores e conetividade de rede que permitem a estes objectos recolher e trocar dados.

A IoT é definida como "uma infraestrutura global para a sociedade da informação, que permite serviços avançados através da interligação de coisas com base nas tecnologias da informação e das comunicações interoperáveis existentes e em evolução" e, para este efeito, uma "coisa" é "um objeto do mundo físico ou do mundo da informação, suscetível de ser identificado e integrado em redes de comunicação".

Os sistemas IoT permitem aos utilizadores obter uma maior automatização, análise e integração num sistema. Os sistemas IoT utilizam tecnologias existentes e emergentes para deteção, ligação em rede e robótica.

A IoT explora os recentes avanços no software, a queda dos preços do hardware e as atitudes modernas em relação à tecnologia. Os seus elementos novos e avançados trazem grandes mudanças no fornecimento de produtos, bens e serviços, bem como no impacto social, económico e político dessas mudanças.

IoT - Principais características

As características mais importantes da IoT incluem a inteligência artificial, a conetividade, os sensores, a participação ativa e a utilização de pequenos dispositivos. Segue-se uma breve análise destas características.

- **IA -** A IoT torna praticamente tudo "inteligente", o que significa que melhora todos os aspectos da vida com o poder da recolha de dados, algoritmos de inteligência artificial e redes. Isto pode significar algo tão simples como melhorar o seu frigorífico e os seus armários para detetar quando o leite e os seus cereais preferidos estão a acabar e, em seguida, fazer uma encomenda à sua mercearia preferida.
- **Conectividade -** As novas tecnologias de ligação em rede, e especificamente as redes IoT, significam que as redes já não estão exclusivamente ligadas a grandes fornecedores. As redes podem existir numa escala muito mais pequena e barata, sem deixarem de ser práticas. A IoT cria estas pequenas redes entre os seus dispositivos de sistema.
- **Sensores -** A IoT perde a sua distinção sem sensores. Estes actuam como instrumentos definidores que transformam a IoT de uma rede passiva normal de dispositivos num sistema ativo capaz de integração no mundo real.
- **Envolvimento ativo -** Grande parte da interação atual com a tecnologia ligada acontece através do envolvimento passivo. A IoT introduz um novo paradigma para o envolvimento ativo com conteúdos, produtos ou serviços.
- **Dispositivos pequenos -** Os dispositivos, como previsto, tornaram-se mais pequenos, mais baratos e mais potentes ao longo do tempo. A IoT explora dispositivos pequenos criados especificamente para oferecer a sua precisão, escalabilidade e versatilidade.

Permite que os objectos sejam detectados ou controlados remotamente através da infraestrutura de rede existente, criando oportunidades para uma integração mais direta do mundo físico nos sistemas informáticos e resultando numa maior eficiência, precisão e benefícios económicos, para além de uma menor intervenção humana.

Quando a loT é aumentada com sensores e actuadores, a tecnologia torna-se uma instância da classe mais geral de sistemas ciber-físicos, que também engloba tecnologias como redes inteligentes, centrais eléctricas virtuais, casas inteligentes, transportes inteligentes e cidades inteligentes. Cada coisa é identificável exclusivamente através do seu sistema de computação incorporado, mas é capaz de interoperar com a infraestrutura da Internet existente. Os peritos estimam que a loT será constituída por cerca de 30 mil milhões de objectos até 2020.

Normalmente, espera-se que a loT ofereça uma conetividade avançada de dispositivos, sistemas e serviços que vai além das comunicações máquina-a-máquina (M2M) e abrange uma variedade de protocolos, domínios e aplicações. Espera-se que a interligação destes dispositivos incorporados dê início à automatização em quase todos os domínios, permitindo também aplicações avançadas, como uma rede inteligente, e expandindo-se para áreas como as cidades inteligentes.

A expressão "coisas", na aceção de loT, pode referir-se a uma grande variedade de dispositivos, como implantes de monitorização cardíaca, transponders com biochip em animais de criação, amêijoas eléctricas em águas costeiras, automóveis com sensores incorporados, dispositivos de análise de ADN para monitorização ambiental/alimentar/patógeno ou dispositivos de operação no terreno que ajudam os bombeiros em operações de busca e salvamento. Os juristas sugerem que se considere as "coisas" como uma "mistura inextricável de hardware, software, dados e serviços".

Estes dispositivos recolhem dados úteis com a ajuda de várias tecnologias existentes e, em seguida, transmitem autonomamente os dados entre outros dispositivos. Os exemplos actuais do mercado incluem a domótica, como o controlo e a automatização de sistemas de iluminação, aquecimento, ventilação e ar condicionado (AVAC), e aparelhos como máquinas de lavar/secar, aspiradores robóticos, purificadores de ar, fornos ou frigoríficos/congeladores que utilizam Wi-Fi para monitorização remota.

História

A partir de 2016, a visão da Internet das coisas evoluiu devido à convergência de várias tecnologias, incluindo a comunicação sem fios ubíqua, a análise em tempo real, a aprendizagem automática, os sensores de base e os sistemas incorporados. Isto significa que os domínios tradicionais dos sistemas incorporados, das redes de sensores sem fios, dos sistemas de controlo, da automação (incluindo a automação doméstica e de edifícios) e outros contribuem para viabilizar a Internet das coisas (loT).

O conceito de uma rede de dispositivos inteligentes foi discutido já em 1982, com uma máquina de Coca-Cola modificada na Universidade Carnegie Mellon a tornar-se o primeiro aparelho ligado à Internet, capaz de comunicar o seu inventário e se as bebidas recém-carregadas estavam frias. O artigo seminal de Mark Weiser de 1991 sobre computação ubíqua, "The Computer of the 21st Century" (O computador do século XXI), bem como eventos académicos como o UbiComp e o PerCom produziram a visão contemporânea da IoT.

Em 1994, Reza Raji descreveu o conceito no IEEE Spectrum como pequenos pacotes de dados para um grande conjunto de nós, de modo a integrar e automatizar tudo, desde electrodomésticos a fábricas inteiras". Entre 1993 e 1996, várias empresas propuseram soluções como o at Work da Microsoft ou o NEST da Novell. No entanto, só em 1999 é que este domínio começou a ganhar força. Bill Joy previu a comunicação entre dispositivos (D2D) como parte da sua estrutura "Six Webs", apresentada no Fórum Económico Mundial de Davos em 1999.

O conceito de Internet das coisas tornou-se popular em 1999, através do Auto-ID Center do MIT e de publicações de análise de mercado relacionadas. A identificação por radiofrequência (RFID) foi vista por Kevin Ashton (um dos fundadores do Centro de Auto-ID original) como um pré-requisito para a Internet das coisas nessa altura. Ashton prefere a expressão "Internet para as coisas". Se todos os objectos e pessoas da vida quotidiana estivessem equipados com identificadores, os computadores poderiam geri-los e inventariá-los. Para além da utilização de RFID, a etiquetagem das coisas pode ser conseguida através de tecnologias como a comunicação de campo próximo, códigos de barras, códigos QR e marcas de água digitais.

Na sua interpretação original, uma das primeiras consequências da implementação da Internet das coisas, equipando todos os objectos do mundo com minúsculos dispositivos de identificação ou identificadores legíveis por máquinas, seria a transformação da vida quotidiana. Por exemplo, o controlo instantâneo e incessante do inventário tornar-se-ia omnipresente. A capacidade de uma pessoa interagir com objectos poderia ser alterada remotamente com base em necessidades imediatas ou presentes, em conformidade com os acordos existentes com os utilizadores finais. Por exemplo, esta tecnologia poderia conceder aos editores de filmes um controlo muito maior sobre os dispositivos privados dos utilizadores finais, através da aplicação remota de restrições aos direitos de autor e da gestão dos direitos digitais, pelo que a capacidade de um cliente que comprasse um disco Blu-ray para ver o filme poderia ficar dependente da decisão do detentor dos direitos de autor, à semelhança do que aconteceu com o DIVX falhado da Circuit City.

CAPÍTULO 2

ARQUITECTURA PARA A INTERNET DAS COISAS

BLOCOS DE CONSTRUÇÃO do IoT :

Quatro elementos constituem os blocos de construção básicos do sistema IoT: sensores, processadores, gateways e aplicações. Cada um destes nós tem de ter as suas próprias características para formar um sistema IoT útil.

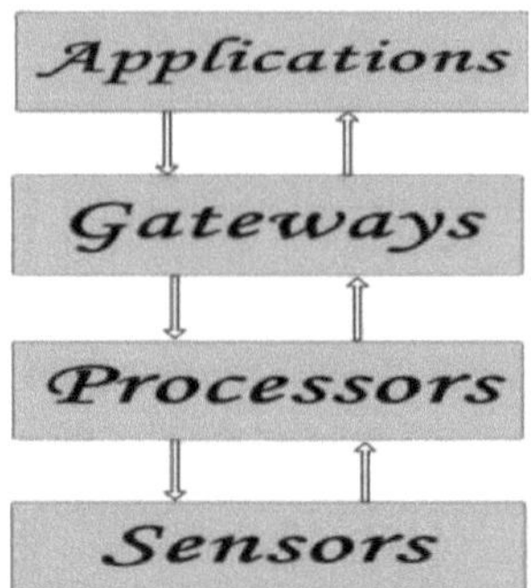

Diagrama de blocos simplificado do bloco de construção básico da IoT

Sensores:

Estes constituem o front end dos dispositivos IoT. São as chamadas "coisas" do sistema. O seu principal objetivo é recolher dados das suas imediações (sensores) ou fornecer dados às suas imediações (actuadores).

Estes dispositivos têm de ser exclusivamente identificáveis com um endereço IP único, para que possam ser facilmente identificáveis numa grande rede.

Têm de ser activos por natureza, o que significa que devem poder recolher dados em tempo real. Podem funcionar por si próprios (de natureza autónoma) ou podem ser postos a funcionar pelo utilizador em função das suas necessidades (controlados pelo utilizador). Exemplos de sensores: sensor de gás, sensor de qualidade da água, sensor de humidade, etc.

Processadores:

Os processadores são o cérebro do sistema IoT. A sua principal função é tratar os dados captados pelos sensores e processá-los de modo a extrair os dados valiosos da enorme quantidade de dados brutos recolhidos. Numa palavra, pode dizer-se que confere inteligência aos dados.

Os processadores funcionam sobretudo em tempo real e podem ser facilmente controlados pelas aplicações. São também responsáveis pela segurança dos dados, ou seja, pela encriptação e desencriptação dos dados.

Os dispositivos de hardware incorporados, microcontroladores, etc., são os que processam os dados porque têm processadores ligados a eles.

Portas de entrada:

As gateways são responsáveis por encaminhar os dados processados e enviá-los para locais adequados para a sua utilização correcta (dos dados). Por outras palavras, podemos dizer que a gateway ajuda na comunicação de ida e volta dos dados. Fornece conetividade de rede aos dados. A conetividade de rede é essencial para a comunicação de qualquer sistema loT. LAN, WAN, PAN, etc. são exemplos de gateways de rede.

Aplicações:

Aplicações a partir de outro extremo de um sistema loT. As aplicações são essenciais para a utilização correcta de todos os dados recolhidos.

Estas aplicações baseadas na nuvem são responsáveis pela atribuição de um significado efetivo aos dados recolhidos. As aplicações são controladas pelos utilizadores e constituem o ponto de entrega de serviços específicos. Exemplos de aplicações são: aplicações de domótica, sistemas de segurança, centros de controlo industrial, etc.

Em suma, a partir da figura, podemos denotar que as informações recolhidas pelo nó de deteção (nó final) são processadas primeiro e, em seguida, através da conetividade, chegam aos nós de processamento incorporados, que podem ser quaisquer dispositivos de hardware incorporados, e são aí também processadas. Em seguida, passa novamente pelos nós de conetividade e chega ao processamento remoto baseado na nuvem, que pode ser qualquer software, e é enviado para o nó de aplicação para a utilização correcta dos dados recolhidos e também para a análise de dados através de grandes volumes de dados.

COMO FUNCIONA:

O funcionamento da loT é bastante simples. Em primeiro lugar, adquire informações sobre os recursos básicos (nomes, endereços, etc.) e os atributos conexos dos objectos através de tecnologias de identificação e perceção automáticas, como a RFID, os sensores sem fios e a localização por satélite, ou seja, os sensores, as etiquetas RFID e todos os outros objectos ou "coisas" identificáveis de forma única adquirem informações (dados) em tempo real graças a um núcleo central, como os smartphones.

Em segundo lugar, em virtude de todos os tipos de tecnologias de comunicação, integra informação relacionada com objectos na rede de informação e realiza a indexação e integração inteligentes da informação relacionada com massas de objectos recorrendo a serviços de recursos fundamentais (semelhantes à resolução, endereçamento e descoberta da Internet).

Por último, utilizando tecnologias de computação inteligente, como a computação em nuvem, o reconhecimento difuso, a extração de dados e a análise semântica, analisa e processa a informação relacionada com massas de objectos, de modo a, eventualmente, tomar decisões inteligentes e controlar o mundo físico.

Na camada física, todos os dados recolhidos pelo sistema de acesso ("coisas" identificáveis de forma única) recolhem dados em tempo real e passam para os dispositivos de Internet (como os smartphones). Em seguida, através de uma linha de transmissão (como um cabo de fibra ótica), passam para a camada de gestão, onde todos os dados são geridos separadamente (análise de fluxo e análise de dados) dos dados brutos. Em seguida, todas as informações geridas são libertadas para a camada de aplicação para uma utilização adequada dos dados recolhidos.

camadas de arquitetura do loT :

Existem quatro camadas principais :

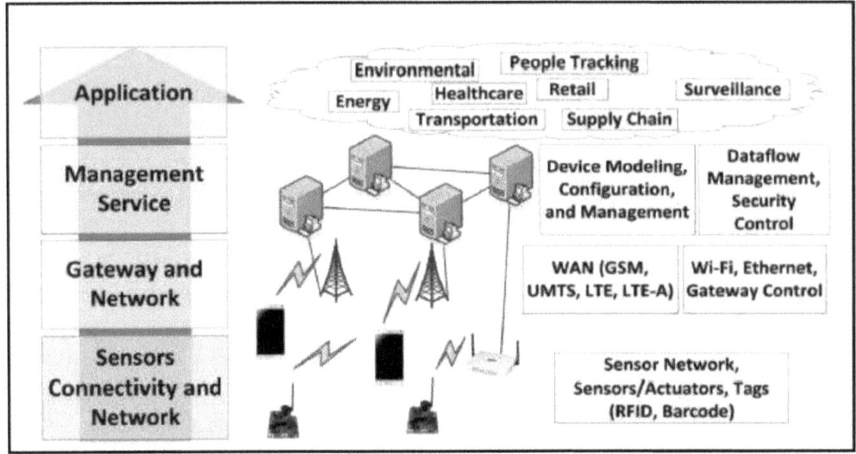

Camadas da arquitetura loT

Na base da arquitetura loT, começamos com a rede de sensores e conetividade que recolhe informações. De seguida, temos o Gateway e a camada de rede. Acima desta, temos a camada de serviço de gestão e, no final, a camada de aplicação, onde os dados recolhidos são processados de acordo com as necessidades de várias aplicações.

Vamos analisar as características de cada um destes níveis arquitectónicos separadamente.

Sensor, conetividade e camada de rede:

- Esta camada é constituída por etiquetas RFID, sensores (que são parte essencial de um sistema loT e são responsáveis pela recolha de dados em bruto). Estes constituem as "coisas" essenciais de um sistema loT.
- Os sensores e as etiquetas RFID são dispositivos sem fios e formam as redes de sensores sem fios (RSSF).
- Os sensores são activos por natureza, o que significa que a informação deve ser recolhida e processada em tempo real.
- Esta camada tem também a conetividade de rede (como WAN, PAN, etc.) que é responsável pela comunicação dos dados brutos à camada seguinte, que é a camada de gateway e de rede.
- Os dispositivos que compõem as RSSF têm uma capacidade de armazenamento finita, uma largura de banda de comunicação restrita e uma velocidade de processamento reduzida.
- Temos diferentes sensores para diferentes aplicações - sensor de temperatura para recolher dados de temperatura, sensor de qualidade da água para examinar a qualidade da água, sensor de humidade para medir o teor de humidade da atmosfera ou do solo, etc.

Gateway e camada de rede:

- As gateways são responsáveis por encaminhar os dados provenientes da **camada de sensores, conetividade e rede** e passá-los para a camada seguinte, que é a **camada de serviços de gestão.**
- Esta camada requer uma grande capacidade de armazenamento para guardar a enorme quantidade de dados recolhidos pelos sensores, etiquetas RFID, etc. Além disso, esta camada precisa de ter um desempenho consistentemente fiável em termos de redes públicas, privadas e híbridas.
- Diferentes dispositivos loT funcionam com diferentes tipos de protocolos de rede. É necessário que todos estes protocolos sejam assimilados numa única camada. Esta camada é responsável pela integração de vários protocolos de rede.

Camada de serviço de gestão:

- Esta camada é utilizada para gerir os serviços loT. A camada de serviços de gestão é responsável pela análise de segurança dos dispositivos loT, pela análise das informações (análise de fluxos, análise de dados) e pela gestão dos dispositivos.
- A gestão de dados é necessária para extrair as informações necessárias da enorme quantidade de dados brutos recolhidos pelos dispositivos sensores para produzir um resultado valioso de todos os dados recolhidos. Esta ação é realizada nesta camada.
- Além disso, determinadas situações exigem uma resposta imediata. Esta camada ajuda a fazê-lo, abstraindo os dados, extraindo informações e gerindo o fluxo de dados.
- Esta camada é também responsável pela extração de dados, extração de texto, análise de serviços, etc.

Camada de aplicação:

A camada de aplicação constitui a camada superior da arquitetura loT, responsável pela utilização eficaz dos dados recolhidos. Várias aplicações loT incluem a domótica, a saúde eletrónica, o governo eletrónico, etc.

A partir da figura abaixo, podemos ver que existem dois tipos de aplicações: o mercado horizontal, que inclui a gestão de frotas, a cadeia de abastecimento, etc., e a aplicação setorial da loT, que inclui a energia, os cuidados de saúde, os transportes, etc.

Domínios de aplicação do ambiente inteligente :

	Smart Home	Smart Office	Smart Retail	Smart City	Smart Agriculture	Smart Energy & Fuel	Smart Transportation	Smart Military
Network Size	Small	Small	Small	Medium	Medium /Large	Large	Large	Large
Network Connectivity	WPAN, WLAN, 3G, 4G, Internet	WPAN, WLAN, 3G, 4G, Internet	RFID, NFC, WPAN, WLAN, 3G, 4G, Internet	RFID, NFC, WLAN, 3G, 4G, Internet	WLAN, Satellite Comm., Internet	WLAN, 3G, 4G, Microwave links, Satellite Comm.,	WLAN, 3G, 4G, Satellite Comm.	RFID, NFC, WPAN, WLAN, 3G, 4G, Satellite Comm.
Bandwidth Requirement	Small	Small	Small	Large	Medium	Medium	Medium~Large	Medium~Large

Domínios de aplicação para ambientes inteligentes - Conectividade de rede e largura de banda

r

A arquitetura em quatro fases de um sistema IoT

A fase 1 de uma arquitetura IoT consiste nas suas coisas ligadas em rede, normalmente sensores e actuadores sem fios. A fase 2 inclui sistemas de agregação de dados de sensores e conversão de dados analógicos para digitais. Na Fase 3, os sistemas de TI de ponta efectuam o pré-processamento dos dados antes de estes passarem para o centro de dados ou para a nuvem. Finalmente, na Fase 4, os dados são analisados, geridos e armazenados em sistemas tradicionais de centros de dados back-end. Claramente, o estado do sensor/atuador é a província dos profissionais de tecnologia de operações (OT). O mesmo acontece com a Fase 2. As fases 3 e 4 são normalmente controladas por TI, embora a localização do processamento de TI de ponta possa ser num local remoto ou mais próximo do centro de dados. A linha vertical tracejada designada por "limite" é a demarcação tradicional entre as responsabilidades de OT e TI, embora esteja a esbater-se. Aqui está uma visão detalhada de cada uma delas.

A arquitetura de soluções IoT em 4 fases

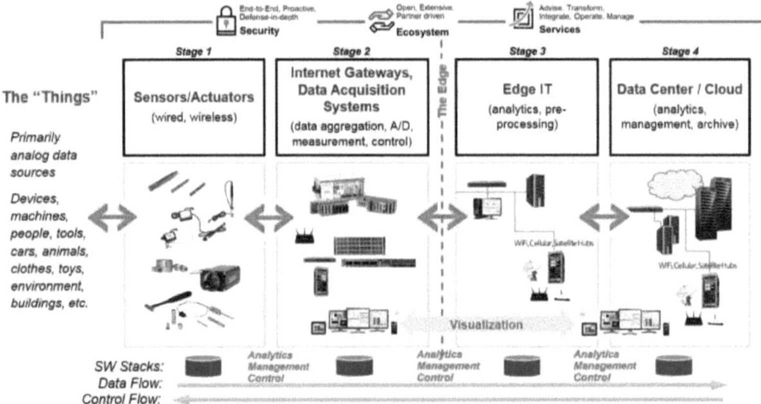

Fase 1. Sensores/actuadores

Os sensores recolhem dados do ambiente ou do objeto a medir e transformam-nos em dados úteis. Pense nas estruturas especializadas do seu telemóvel que detectam a atração direcional da gravidade - e a posição relativa do telemóvel em relação à "coisa" a que chamamos Terra - e as convertem em dados que o telemóvel pode utilizar para orientar o dispositivo. Os actuadores também podem intervir para alterar as condições físicas que geram os dados. Um atuador pode, por exemplo, desligar uma fonte de alimentação, ajustar uma válvula de fluxo de ar ou mover uma pinça robótica num processo de montagem.

A fase de deteção/atuação abrange tudo, desde dispositivos industriais antigos a sistemas de câmaras robóticas, detectores de nível de água, sensores de qualidade do ar, acelerómetros e monitores de ritmo cardíaco. E o âmbito da IoT está a expandir-se rapidamente, graças, em parte, às tecnologias de redes de sensores sem fios de baixo consumo e à Power over Ethernet, que permite que os dispositivos numa LAN com fios funcionem sem necessidade de uma fonte de alimentação A/C.

Em uma arquitetura loT, algum processamento de dados pode ocorrer em cada um dos quatro estágios. No entanto, embora seja possível processar dados no sensor, o que se pode fazer é limitado pelo poder de processamento disponível em cada dispositivo loT. Os dados estão no centro de uma arquitetura loT, e é preciso escolher entre imediatismo e profundidade de perceção ao processar esses dados. Quanto mais imediata for a necessidade de informação, mais próximo dos dispositivos finais deve estar o seu processamento.

Para obter informações mais aprofundadas que exijam um processamento mais extenso, terá de mover os dados para um sistema baseado na nuvem ou no centro de dados que possa reunir várias fontes de dados. Mas algumas decisões simplesmente não podem esperar por um processamento profundo. O braço robótico que efectua a cirurgia cortou uma artéria? O carro vai despenhar-se? O avião que se aproxima do sistema de deteção de ameaças é um amigo ou um inimigo? Não tem tempo para enviar esses dados para os seus principais activos de TI. Tem de processar os dados diretamente no sensor - na extremidade da rede periférica - para obter a resposta mais rápida.

Fase 2. O gateway da Internet

Os dados dos sensores começam em formato analógico. Esses dados precisam de ser agregados e convertidos em fluxos digitais para posterior processamento a jusante. Os sistemas de aquisição de dados (DAS) efectuam estas funções de agregação e conversão de dados. O DAS liga-se à rede de sensores, agrega as saídas e efectua a conversão analógico-digital. O gateway da Internet recebe os dados agregados e digitalizados e encaminha-os através de Wi-Fi, LANs com fios ou da Internet, para os sistemas da Fase 3 para processamento posterior.

Os sistemas da fase 2 encontram-se frequentemente muito próximos dos sensores e actuadores. Por exemplo, uma bomba pode conter meia dúzia de sensores e actuadores que alimentam dados para um dispositivo de agregação de dados que também digitaliza os dados. Este dispositivo pode estar fisicamente ligado à bomba. Um dispositivo de gateway ou servidor adjacente processaria então os dados e encaminhá-los-ia para os sistemas da Fase 3 ou Fase 4.

Porquê pré-processar os dados? Os fluxos de dados analógicos provenientes de sensores criam rapidamente grandes volumes de dados. As qualidades mensuráveis do mundo físico em que a sua empresa pode estar interessada - movimento, tensão, vibração, etc. - podem criar quantidades volumosas de dados em constante mudança. Pense na quantidade de dados de sensores que uma máquina complexa, como um motor de avião, pode gerar num dia, e não há limite teórico para o número de sensores que podem alimentar dados num sistema loT. Além disso, um sistema loT está sempre ligado, fornecendo conetividade e alimentação de dados contínuos. Os fluxos de dados loT podem ser imensos - já vi até 40 TB/segundo em um caso. São muitos dados para transportar para o centro de dados. É melhor pré-processá-los.

Outra razão para não passar os dados para o centro de dados nesta forma é que os dados analógicos têm características específicas de tempo e estrutura que requerem software especializado para serem processados. É melhor converter os dados em formato digital primeiro, e é isso que acontece no Estágio 2.

As gateways inteligentes podem basear-se na funcionalidade básica adicional da gateway, acrescentando capacidades como análise, proteção contra malware e serviços de gestão de dados. Esses sistemas permitem a análise de fluxos de dados em tempo real. Embora o fornecimento de informações comerciais a partir dos dados seja um pouco menos imediato na gateway do que seria quando enviado diretamente da zona do sensor/atuador, a gateway tem o poder de computação para apresentar as informações de uma forma que seja mais compreensível para os intervenientes empresariais.

Os gateways ainda são dispositivos de ponta - são externos ao centro de dados - portanto, a geografia e a localização são importantes. No exemplo da bomba, se tiver 100 unidades de bomba e quiser processar dados no local, pode ter dados instantâneos ao nível da bomba, agregar a informação para criar uma vista de toda a instalação e passar os dados para o centro de dados para uma vista de toda a empresa. Os dispositivos DAS e gateway podem acabar numa grande variedade de ambientes, desde o chão de fábrica até às estações de campo móveis, pelo que estes sistemas são normalmente concebidos para serem portáteis, fáceis de implementar e suficientemente robustos para suportar variações de temperatura, humidade, poeira e vibração.

Fase 3. TI de ponta

Uma vez que os dados de loT tenham sido digitalizados e agregados, eles estão prontos para entrar no domínio da TI. No entanto, os dados podem exigir um processamento adicional antes de entrarem no centro de dados. É aqui que os sistemas de TI de ponta, que efectuam mais análises, entram em ação. Os sistemas de processamento de TI periféricos podem estar localizados em escritórios remotos ou noutras localizações periféricas, mas geralmente situam-se nas instalações ou na localização onde os sensores residem, mais perto dos sensores, como num armário de cabos.

Uma vez que os dados loT podem facilmente consumir a largura de banda da rede e sobrecarregar os recursos do centro de dados, é melhor ter sistemas na periferia capazes de efetuar análises como forma de diminuir a carga sobre a infraestrutura central de TI. Se tivesse apenas um grande tubo de dados a ir para o centro de dados, necessitaria de uma enorme capacidade. Também se depararia com preocupações de segurança, problemas de armazenamento e atrasos no processamento dos dados. Com uma abordagem faseada, é possível pré-processar os dados, gerar resultados significativos e transmitir apenas esses resultados. Por exemplo, em vez de transmitir dados brutos de vibração para as bombas, pode agregar e converter os dados, analisá-los e enviar apenas projecções sobre quando cada dispositivo irá falhar ou necessitar de assistência.

Eis outro exemplo: Pode utilizar a aprendizagem automática na periferia para procurar anomalias que identifiquem problemas de manutenção iminentes que exijam atenção imediata. Depois, pode utilizar a tecnologia de visualização para apresentar essas informações através de painéis, mapas ou gráficos fáceis de compreender. Os sistemas de computação altamente integrados, como a infraestrutura hiperconvergente, são ideais para estas tarefas porque são relativamente rápidos e fáceis de implementar e gerir remotamente.

Fase 4. O centro de dados e a nuvem

Os dados que necessitam de um processamento mais aprofundado, e em que o feedback não tem de ser imediato, são encaminhados para centros de dados físicos ou sistemas baseados na nuvem, onde sistemas de TI mais potentes podem analisar, gerir e armazenar os dados de forma segura. Demora mais tempo a obter resultados quando se espera até que os dados atinjam a Fase 4, mas é possível executar uma análise mais aprofundada, bem como combinar os dados do sensor com dados de outras fontes para obter informações mais detalhadas. O processamento da Fase 4 pode ter lugar no local, na nuvem ou num sistema de nuvem híbrida, mas o tipo de processamento executado nesta fase permanece o mesmo, independentemente da plataforma.

CAPÍTULO 3
APLICAÇÕES DA IOT

Controlo ambiental

As aplicações de monitorização ambiental da IoT utilizam normalmente sensores para ajudar na proteção ambiental, monitorizando a qualidade do ar ou da água, as condições atmosféricas ou do solo, e podem mesmo incluir áreas como a monitorização dos movimentos da vida selvagem e dos seus habitats. O desenvolvimento de dispositivos com recursos limitados ligados à Internet significa também que outras aplicações, como os sistemas de alerta precoce de sismos ou tsunamis, podem também ser utilizadas pelos serviços de emergência para prestar uma ajuda mais eficaz. Tem-se argumentado que a normalização que a IoT traz à deteção sem fios irá revolucionar esta área.

Gestão de infra-estruturas

A monitorização e o controlo das operações de infra-estruturas urbanas e rurais, como pontes, vias férreas, parques eólicos onshore e offshore, são uma aplicação fundamental da IoT. A infraestrutura IoT pode ser utilizada para monitorizar quaisquer eventos ou alterações nas condições estruturais que possam comprometer a segurança e aumentar o risco. Pode também ser utilizada para programar actividades de reparação e manutenção de forma eficiente, coordenando tarefas entre diferentes fornecedores de serviços e utilizadores destas instalações. Os dispositivos IoT podem também ser utilizados para controlar infra-estruturas críticas como pontes para dar acesso a navios. A utilização de dispositivos IoT para monitorizar e operar infra-estruturas é suscetível de melhorar a gestão de incidentes e a coordenação da resposta a emergências, bem como a qualidade do serviço, os tempos de funcionamento e reduzir os custos de operação em todas as áreas relacionadas com infra-estruturas. Mesmo áreas como a gestão de resíduos podem beneficiar da automatização e da otimização que a IoT poderá trazer.

Fabrico

O controlo e a gestão em rede do equipamento de fabrico, a gestão de activos e da situação, ou o controlo do processo de fabrico, colocam a IoT também no domínio das aplicações industriais e do fabrico inteligente. Os sistemas inteligentes de IoT permitem o fabrico rápido de novos produtos, a resposta dinâmica à procura de produtos e a otimização em tempo real da produção industrial e das redes da cadeia de abastecimento, através da ligação em rede de máquinas, sensores e sistemas de controlo. Os sistemas de controlo digital para automatizar os controlos dos processos, as ferramentas do operador e os sistemas de informação de serviço para otimizar a segurança e a proteção das instalações são da competência da IoT. Mas também se estende à gestão de activos através de manutenção preditiva, avaliação estatística e medições para maximizar a fiabilidade. Os sistemas inteligentes de gestão industrial também podem ser integrados com a Smart Grid, permitindo assim a otimização energética em tempo real. As medições, os controlos automatizados, a otimização das instalações, a gestão da saúde e da segurança e outras funções são fornecidas por um grande número de sensores ligados em rede.

14

A National Science Foundation criou um Centro de Investigação Cooperativa Indústria/Universidade sobre sistemas de manutenção inteligentes (IMS) em 2001, com o objetivo de utilizar tecnologias analíticas preditivas baseadas na IoT para monitorizar máquinas ligadas e prever a sua degradação, bem como para prevenir potenciais falhas. A visão de alcançar uma avaria quase nula utilizando a análise preditiva baseada na IoT conduziu ao desenvolvimento futuro das actividades de fabrico e manutenção electrónicos.

O termo IIoT (Industrial Internet of Things - Internet Industrial das Coisas) é frequentemente encontrado nas indústrias transformadoras, referindo-se ao subconjunto industrial da IoT. A IIoT na indústria transformadora pode gerar tanto valor comercial que acabará por conduzir à quarta revolução industrial, a chamada Indústria 4.0. Estima-se que, no futuro, as empresas bem sucedidas poderão aumentar as suas receitas através da Internet das coisas, criando novos modelos de negócio e melhorando a produtividade, explorando a análise para a inovação e transformando a força de trabalho.

Gestão da energia

A integração de sistemas de deteção e de acionamento, ligados à Internet, é suscetível de otimizar o consumo de energia no seu conjunto. Espera-se que os dispositivos IoT sejam integrados em todas as formas de dispositivos que consomem energia (interruptores, tomadas eléctricas, lâmpadas, televisores, etc.) e sejam capazes de comunicar com a empresa fornecedora de serviços públicos, a fim de equilibrar eficazmente a produção e a utilização de energia. Esses dispositivos oferecerão também a possibilidade de os utilizadores controlarem remotamente os seus dispositivos ou de os gerirem centralmente através de uma interface baseada na nuvem e permitir funções avançadas como a programação (por exemplo, ligar ou desligar remotamente sistemas de aquecimento, controlar fornos, alterar as condições de iluminação, etc.).

Para além da gestão doméstica da energia, a IoT é especialmente relevante para a rede inteligente, uma vez que fornece sistemas para recolher e agir sobre a energia e informações relacionadas com a energia de forma automatizada, com o objetivo de melhorar a eficiência, a fiabilidade, a economia e a sustentabilidade da produção e distribuição de eletricidade. Utilizando dispositivos de infraestrutura de medição avançada (AMI) ligados à espinha dorsal da Internet, os serviços de eletricidade podem não só recolher dados das ligações dos utilizadores finais, mas também gerir outros dispositivos de automatização da distribuição, como transformadores e religadores.

Medicina e saúde

Os dispositivos IoT podem ser utilizados para permitir a monitorização remota da saúde e sistemas de notificação de emergência. Estes dispositivos de monitorização da saúde podem ir desde monitores da tensão arterial e do ritmo cardíaco até dispositivos avançados capazes de monitorizar implantes especializados, como pacemakers, pulseiras electrónicas Fitbit ou aparelhos auditivos avançados. Alguns hospitais começaram a implementar "camas inteligentes" que podem detetar quando estão ocupadas e quando um doente se está a tentar levantar. Podem também ajustar-se a si próprias para garantir que a pressão e o apoio adequados são aplicados ao doente sem a interação manual dos enfermeiros.

Também é possível equipar sensores especializados nos espaços habitacionais para monitorizar a saúde e o bem-estar geral dos idosos, assegurando simultaneamente que está a ser administrado o tratamento adequado e ajudando as pessoas a recuperar a mobilidade perdida através de terapia. Outros dispositivos de consumo para incentivar uma vida saudável, como balanças ligadas ou monitores cardíacos portáteis, são também uma possibilidade com a loT. Estão a surgir cada vez mais plataformas loT de monitorização da saúde de ponta a ponta para doentes pré-natais e crónicos, ajudando a gerir os sinais vitais de saúde e as necessidades de medicação recorrentes.

Automação de edifícios e casas

Os dispositivos loT podem ser utilizados para monitorizar e controlar os sistemas mecânicos, eléctricos e electrónicos utilizados em vários tipos de edifícios (por exemplo, públicos e privados, industriais, institucionais ou residenciais) em sistemas de domótica e de automação de edifícios. Neste contexto, três áreas principais estão a ser abordadas na literatura:

- A integração da Internet com os sistemas de gestão da energia dos edifícios, a fim de criar "edifícios inteligentes" eficientes do ponto de vista energético e orientados para a IOT
- Os meios possíveis de monitorização em tempo real para reduzir o consumo de energia e monitorizar os comportamentos dos ocupantes
- A integração de dispositivos inteligentes no ambiente construído e a forma como poderão ser utilizados em aplicações futuras

Transporte

A loT pode ajudar na integração das comunicações, do controlo e do processamento de informações em vários sistemas de transporte. A aplicação da loT estende-se a todos os aspectos dos sistemas de transporte (ou seja, o veículo, a infraestrutura e o condutor ou utilizador). A interação dinâmica entre estes componentes de um sistema de transportes permite a comunicação inter e intra-veicular, o controlo inteligente do tráfego, o estacionamento inteligente, os sistemas electrónicos de cobrança de portagens, a logística e a gestão de frotas, o controlo de veículos e a segurança e assistência rodoviária.

Implementações à escala metropolitana

Estão planeadas ou em curso várias implantações em grande escala da loT, para permitir uma melhor gestão das cidades e dos sistemas. Por exemplo, Songdo, na Coreia do Sul, a primeira cidade inteligente do género totalmente equipada e ligada por cabo, está quase concluída. Quase tudo nesta cidade está planeado para ser ligado por cabo, conectado e transformado num fluxo constante de dados que serão monitorizados e analisados por uma série de computadores com pouca ou nenhuma intervenção humana.

Outra aplicação é um projeto atualmente em curso em Santander, Espanha. Para esta implantação, foram adoptadas duas abordagens. Nesta cidade de 180 000 habitantes, já foram descarregadas 18 000 aplicações da cidade para os seus smartphones. Esta aplicação está ligada a 10 000 sensores que permitem serviços como a procura de estacionamento, a monitorização ambiental, a agenda da cidade digital, entre outros. A informação sobre o contexto da cidade é utilizada nesta implementação de modo a beneficiar os comerciantes através de um mecanismo de ofertas de faíscas baseado no comportamento da cidade que visa maximizar o impacto de cada notificação.

Outros exemplos de implantações em grande escala em curso incluem a Cidade do Conhecimento Sino-Singapura Guangzhou; trabalhos para melhorar a qualidade do ar e da água, reduzir a poluição sonora e aumentar a eficiência dos transportes em San Jose, Califórnia; e gestão inteligente do tráfego na parte ocidental de Singapura. A empresa francesa Sigfox iniciou a construção de uma rede de dados sem fios de banda ultra estreita na área da Baía de São Francisco em 2014, sendo a primeira empresa a conseguir uma implantação deste tipo nos EUA. Posteriormente, anunciou que iria instalar um total de 4000 estações de base para cobrir um total de 30 cidades nos EUA até ao final de 2016, tornando-se o maior fornecedor de cobertura de rede loT no país até à data.

Outro exemplo de uma implantação de grande dimensão é a que foi concluída pela New York Waterways na cidade de Nova Iorque para ligar todas as embarcações da cidade e poder monitorizá-las em direto 24 horas por dia, 7 dias por semana. A rede foi concebida e projectada pela Fluidmesh Networks, uma empresa sediada em Chicago que desenvolve redes sem fios para aplicações críticas. A rede NYWW está atualmente a fornecer cobertura no rio Hudson, no East River e na Upper New York Bay. Com a rede sem fios instalada, a NY Waterway pode assumir o controlo da sua frota e dos passageiros de uma forma que não era possível anteriormente. As novas aplicações podem incluir segurança, gestão de energia e de frota, sinalização digital, Wi-Fi público, emissão de bilhetes sem papel e outras.

Aplicação ao consumidor

Uma parte crescente dos dispositivos loT é criada para utilização pelos consumidores. Exemplos de aplicações para o consumidor incluem automóveis conectados, entretenimento, residências e casas inteligentes, tecnologia vestível, quantificação do eu, saúde conectada e retalho inteligente. A loT de consumo oferece novas oportunidades para a experiência do utilizador e as interfaces.

Algumas aplicações de consumo foram criticadas pela sua falta de redundância e pela sua inconsistência, o que levou a uma paródia popular conhecida como a "Internet da Merda". As empresas têm sido criticadas pela sua pressa em adotar a loT, criando dispositivos de valor questionável e não estabelecendo normas de segurança rigorosas.

CAPÍTULO 4
HARDWARE

RASPBERRY PI 2 - A FORMA MAIS FÁCIL DE VISUALIZAR DADOS

O Raspberry Pi é um computador do tamanho de um cartão de crédito que se liga à sua televisão e teclado. O Pi vem com um sistema operativo Linux e capacidades para áudio, vídeo e Internet, pelo que é uma excelente plataforma para projectos que requerem multimédia. É um minicomputador pessoal que permite que os programadores de software mergulhem de cabeça e comecem a programar - sem necessidade de componentes adicionais. O Raspberry tem as suas raízes na educação, mas deve ser considerado para todos os fins em que, de outro modo, se utilizaria um PC.

"O Raspberry Pi tem a capacidade de interagir com o mundo exterior e tem sido utilizado numa vasta gama de projectos de criação digital, desde máquinas de música e detectores de pais a estações meteorológicas e casas de pássaros com câmaras de infravermelhos." - Framboesa

Resumo das especificações técnicas: Código aberto, processador Broadcom BCM2835 700MHz, GPIO: 8 pinos, tomada para cartão SD, HDMI e conetividade via Ethernet.

MICROSOFT IOT PACK para RASPBERRY Pi - KIT INICIAL DE IOT COM centro de alinhamento RPi

A Microsoft juntou-se ao dispositivo Raspberry Pi para criar um kit de iniciação para acelerar os seus projectos de loT. O pacote inclui uma placa Raspberry Pi de tamanho normal com sensores de temperatura, humidade e cor RGB, todos os fios e cabos de ligação necessários e um cartão de memória SD/MicroSD pré-carregado com o Windows 10 -IOT. A embalagem contém também uma caixa para a placa, para uma utilização rápida e fácil.

"Uma colaboração entre a divisão loT da Microsoft e a Adafruit, este pacote é a melhor forma de começar a utilizar o Windows 10 no seu Pi e de começar a realizar alguns projectos populares com a Internet das Coisas."

Resumo das especificações técnicas: Dispositivo de código aberto que permite começar a utilizar o Win 10 Core, processador ARM9 a 200 MHz, 8 entradas digitais, 2 entradas analógicas, 2 saídas digitais, 2 portas de série RS-232, 1 porta de série RS-485 e servidor Web incorporado. Conectividade via Ethernet.

ARDUINO UNO - O SEU CONTROLADOR DE HARDWARE

O Arduino UNO é uma plataforma de prototipagem de código aberto e um excelente ponto de partida para a eletrónica e a programação. O UNO é um microcontrolador e um ponto de partida para qualquer pessoa começar a aprender a programar. O hardware e o software versáteis e fáceis de utilizar do UNO dão ao programador liberdade para criar rapidamente ambientes ligados e ter uma abordagem ao desenvolvimento orientada para o hardware de alta qualidade. O UNO é fornecido com um kit de iniciação e projectos de exemplo, facilitando o início da programação. O Arduino é excelente para lidar com a configuração do hardware e enviar os dados para um dispositivo externo para representação.

"Basta ligá-lo a um computador com um cabo USB ou alimentá-lo com um adaptador

AC-to-DC ou uma bateria para começar. Pode mexer no seu UNO sem se preocupar muito com a possibilidade de fazer algo errado. Na pior das hipóteses, pode substituir o chip por alguns dólares e começar de novo." - Arduino

Resumo das especificações técnicas: Código aberto, microcontrolador ATmega328, 14 pinos de E/S digitais e 6 analógicos, memória Flash de 32k e conetividade à Internet através de Shields.

BEAGLEBONE

A BeagleBone é a escolha de hardware para projectos com um grande número de sensores externos e um elevado poder de processamento num tamanho reduzido. A placa tem muitos pinos disponíveis. A BeagleBone foi construída de forma muito aberta, o que facilita a sua comercialização, e reuniu um vasto apoio da comunidade. Tal como o fabricante promete, a BeagleBone pode realmente ser iniciada com apenas um cabo USB e a Web está cheia de tutoriais para o ajudar a começar.

"As placas Beagle são computadores minúsculos com todas as capacidades dos computadores de secretária actuais, sem o volume, a despesa ou o ruído. Leia o tutorial de iniciação passo a passo abaixo para começar a desenvolver com a sua BeagleBone ou BeagleBone Black em minutos." - Beagleboard.org

Resumo das especificações técnicas: Código aberto, ARM® Cortex-A8 AM335x a 1 GHz, 2 GB de memória flash integrada, um leitor de cartões microSD, HDMI, 65 pinos GPIO e conetividade via Ethernet.

WUNDERBAR - PLATAFORMA FLEXÍVEL DE SENSORES LIGADOS

O WunderBar oferece aos programadores um dispositivo pronto a utilizar para recolher dados sobre aceleração, níveis de luz, temperatura, humidade e som. O WunderBar não requer conhecimentos prévios de hardware. O dispositivo destina-se tanto a amadores como a empresas que pretendam criar protótipos. Ligue a bateria à placa principal, configure o dispositivo através de WiFi, retire as placas de sensores BLE alimentadas por pilhas de lítio e coloque-as onde desejar. O WunderBar foi enviado aos seus patrocinadores em agosto de 2014 e tem tido uma viagem convincente desde então!

"O WunderBar é composto por 7 mini módulos HW, que podem ser separados e colocados onde quiser recolher dados, e um módulo de ponte para sensores adicionais ou Arduino, Raspberry Pi, etc. Pode colocar módulos de sensores separados em locais diferentes. Comece a criar protótipos em minutos". - relayr.io

Resumo das especificações técnicas: SDK de fonte aberta, circuito principal: NXP LPC1837 Cortex M3, conetividade via WiFi BTLE e 6 circuitos de sensores com processador Cortex MO e conetividade via BTLE: luz/cor/proximidade, giroscópio/acelerómetro, termómetro/humidade, transmissor IR (controlo remoto), som e ponte/ponte com 2 pinos GPIO

PLATAFORMA DE DESENVOLVIMENTO IOT - PLATAFORMA CONECTADA 3G

A Qualcomm tem como alvo a plataforma de desenvolvimento loT para todos os fins de monitorização e rastreio remoto, controlos industriais e áreas da saúde. Obtém-se um dispositivo ligado a 3G com sensores de temperatura, acelerómetro e luz. O dispositivo executa o Java Embedded ME SDK para programadores e o utilizador tem também acesso a interfaces e 10's integrados.

"A plataforma de desenvolvimento Internet of Everything (loE) com suporte para Oracle Java ME Embedded 8 permite aos programadores de software e integradores de sistemas inovar, testar e implementar aplicações loE com conetividade celular incorporada."
Resumo das especificações técnicas: Ambiente Oracle Java ME, processador personalizado com base em ARM, conetividade móvel 3G/2G, WiFi, GPS, Oracle JavaME Embedded SDK, acesso de baixo nível a E/S de dispositivos, adaptador CA e bateria com carregamento integrado

ARMmbed ETHERNET IOT STARTER KIT

A ARM criou um acesso de nível de produção fácil à plataforma de nuvem BlueMix, através da qual os programadores podem criar, implementar e gerir as suas aplicações. A plataforma permite-lhe configurar rapidamente uma ligação em funcionamento com o BlueMix e começar a trabalhar com o seu produto. Essencialmente, pode fazer com que a sua plataforma comunique dados à sua nuvem IBM apenas ligando-a e conectando-se à Internet.

"Este kit de iniciação para o IBM loT Foundation proporciona ao utilizador uma experiência elegante, obtendo dados dos sensores a bordo para a nuvem IBM poucos minutos após a abertura da caixa.

É particularmente adequado para programadores sem experiência específica em desenvolvimento incorporado ou Web, uma vez que fornece uma plataforma para aprender novos conceitos e criar protótipos funcionais." -
Resumo das especificações técnicas: Para ambiente de nuvem IBM, núcleo ARM® Cortex™-M4, LCD com gráficos 128x32, joystick de 5 vias, 2 x potenciómetros, altifalante, acelerómetro e sensor de temperatura.

WASPMOTE - PLATAFORMA PARA AMBIENTES INDUSTRIAIS

Waspmote é uma plataforma sem fios de código aberto centrada em modos de baixo consumo de energia. As suas placas de extensão de sensores têm uma duração de bateria de 1 a 5 anos. O dispositivo é direcionado para as empresas. Desde a criação de protótipos a produtos comercializáveis, a Libelium fornece uma gama de plataformas e extensões de hardware de alta qualidade.

"Waspmote é uma plataforma de sensores sem fios de código aberto especialmente centrada na implementação de modos de baixo consumo para permitir que os nós sensores ("motes") sejam completamente autónomos e alimentados por bateria, oferecendo um tempo de vida variável entre 1 e 5 anos, dependendo do ciclo de funcionamento e do rádio utilizado."
- Libelium.com
Resumo das especificações técnicas: Código aberto, ATmegal281, programação Over-The-Air, 60 sensores disponíveis para ligar ao Waspmote, temperatura e acelerómetro integrados, o modo de hibernação consome apenas 0,06pA, conetividade: 3G/GPRS, WiFi, BT

THINGSEE ONE - DISPOSITIVO IOT LIGADO COM SENSORES E CONSTRUÍDO PARA DURAR

O Thingsee inclui uma variedade de sensores numa caixa robusta à prova de intempéries: pode monitorizar a localização, o movimento, a velocidade, a orientação, a temperatura, a humidade e a pressão atmosférica. O dispositivo é fornecido com conetividade 2G/WiFi, estando o BTLE também disponível a bordo. O dispositivo é de código aberto e tem uma autonomia de bateria de até um ano. O dispositivo é fornecido como um kit para programadores com acesso a API e ao Thingsee SDK para personalizar o dispositivo.

O dispositivo tem por objetivo tornar a IoT mais fácil, mais rápida e mais barata. Qualquer pessoa pode configurá-lo em minutos com a aplicação Thingsee Creator, uma ferramenta de programação visual para criar aplicações.

CAPÍTULO 5
ferramentas utilizadas no loT

Construir uma aplicação complexa não é tarefa fácil, especialmente uma solução loT conectada usando hardware. Existe um mundo louco de opções neste momento, que pode induzir à paralisia da análise. Trabalhei com a infinidade de serviços para apresentar o que considero ser alguns dos melhores disponíveis atualmente. Esta lista abrange uma variedade de componentes diferentes envolvidos na criação de uma solução.

Tessel 2

Começando no topo da lista está um fornecedor de hardware que é ótimo para criar protótipos e soluções básicas. A Tessel 2 é uma óptima maneira de tirar partido de uma variedade de sensores e módulos diferentes. A placa suporta mais de uma dúzia de módulos diferentes, incluindo acelerómetro, GPS, RFID, câmara e muito mais. Uma das melhores características do Tessel é o facto de poder ser programado com Node.js. Isto significa que pode tirar partido dos seus conhecimentos de JavaScript para criar tanto o firmware do hardware como as soluções do servidor.

O hardware Tessel tem dois processadores - um Mediatek MT7620n de 580 MHz e um coprocessador Atmel SAMD21 de 48 MHz. Um deles executa a sua aplicação de firmware a alta velocidade e o outro permite um melhor controlo de E/S e gestão de energia. Se procura mais uma solução de hardware "faça você mesmo", vale a pena dar uma vista de olhos a um NodeMCU.

Plataforma

A segunda ferramenta que eu recomendaria dar uma olhada facilitará sua vida ao programar o próprio hardware. PlatformIO é um ambiente de desenvolvimento loT multiplataforma que inclui um IDE, um sistema de construção e um gerenciador de bibliotecas. O IDE é construído em cima do editor Atom ou pode ser instalado como um plugin. Ele tem uma integração de depuração muito boa e um monitor de porta serial. A plataforma em si tem suporte para mais de 200 placas diferentes. O resultado final é que a PlatformIO pode realmente acelerar o tempo de entrega da sua aplicação loT.

IBM Watson

A seguir, uma ferramenta que pode ser utilizada para prever o futuro ou perceber se as pessoas gostam de si no mundo social. Uma das áreas que se vai tornar cada vez mais importante é a utilização de análises preditivas em dados de loT. O IBM Watson tem um conjunto de APIs que ajudam a simplificar este processo para os programadores. As APIs incluem uma série de serviços diferentes. É possível reconhecer objectos em imagens, compreender o sentimento de uma conversa e muito mais. Pode consultar toda a gama aqui. A empresa fez um excelente trabalho ao continuar a expandir serviços úteis para a Internet das Coisas.

Twilio Programável sem fios

A quarta ferramenta é um novo serviço de uma das melhores empresas de ferramentas para desenvolvedores do mercado. Acabado de lançar esta semana na Signal Conference da Twilio, é um novo serviço para adicionar conetividade celular a projectos loT. O serviço Twilio Progammable Wireless inclui a capacidade de fornecer dispositivos em tempo real e controlá-los de qualquer lugar. Trata-se de um serviço perfeito para uma vasta gama de aplicações, incluindo a localização de veículos e outras. Tudo isto é também bastante barato. Os cartões SIM custam 5 dólares para comprar e depois apenas 2 dólares por mês mais 0,10 dólares por MB de dados utilizados. Se procura algo um pouco mais robusto, existe um plano maior para consumir GBs de dados. Note-se que este serviço ainda está em modo de pré-visualização. Este é um espaço que também está a aquecer. Existem várias outras opções para a conetividade celular, incluindo o Hologram.

Losante

Losant é uma plataforma loT para construir soluções loT de forma rápida, fácil e segura. Utilizando a plataforma, é possível ligar uma vasta gama de hardware abstrato, gerir toneladas de dispositivos, armazenar e analisar os dados e tomar medidas em tempo real. Isto significa que pode facilmente criar aplicações complexas sobre a plataforma Losant.

Dronesmith

Os drones estão a evoluir para um dos temas mais importantes no espaço da Internet das Coisas. Têm o potencial de mudar quase todos os sectores do mundo. Este próximo serviço tem como objetivo tornar muito mais fácil a utilização de drones para resolver problemas difíceis. Existem vários desafios reais na utilização de drones para criar soluções empresariais. A Dronesmith está a ajudar a resolver estes desafios um a um. O seu computador airboume, Luci, facilita a criação e a personalização dos seus próprios drones.

IFTTT

O último serviço permite-lhe combinar uma variedade de aplicações diferentes. Há uma tonelada de serviços aleatórios no mundo e o IFTTT tenta facilitar a sua utilização de forma simples. No mundo da casa inteligente, o IFTTT tem uma ampla gama de suporte para Wemo, Phillips Hue, Nest e muito mais. Isto transforma-os no local ideal para ligar e controlar facilmente esses dispositivos. Um dos meus mecanismos favoritos para combinar o IFTTT com outras aplicações é usar o seu suporte webhook.

CAPÍTULO 6
FERRAMENTAS DE FONTE ABERTA PARA A INTERNET DAS COISAS

Ferramentas de desenvolvimento loT

Arduino

O Arduino é uma plataforma de prototipagem de código aberto baseada em hardware e software fáceis de utilizar. É simultaneamente uma especificação de hardware para eletrónica interactiva e um conjunto de software que inclui um IDE e a linguagem de programação Arduino. O sítio Web explica que o Arduino é "uma ferramenta para criar computadores que podem sentir e controlar mais do mundo físico do que o seu computador de secretária".

Projeto Eclipse loT

A Eclipse está a patrocinar vários projectos diferentes relacionados com a loT. Estes incluem estruturas e serviços de aplicações; implementações de código aberto de protocolos loT e ferramentas para trabalhar com Lua, que a Eclipse está a promover como uma linguagem de programação loT ideal.

Kinoma

Kinoma, uma plataforma de prototipagem de hardware da Marvell Semiconductor, engloba três projectos de código aberto diferentes. O Kimona Create é um kit de construção DIY para prototipagem de dispositivos electrónicos. O Kimona Studio é o ambiente de desenvolvimento que funciona com o Create e o tempo de execução da plataforma Kinoma. Kimona Connect é uma aplicação gratuita para iOS e Android que liga smartphones e mesas a dispositivos loT.

Mola principal M2MLabs

O M2MLabs Mainspring é uma estrutura de aplicações de código aberto para a criação de aplicações máquina a máquina (M2M), como a monitorização remota, a gestão de frotas ou a rede inteligente. As suas capacidades incluem a modelação flexível de dispositivos, a configuração de dispositivos, a comunicação entre dispositivos e aplicações, a validação e normalização de dados, o armazenamento de dados a longo prazo e as funções de recuperação de dados. Baseia-se em Java e na base de dados NoSQL Apache Cassandra. As aplicações M2M podem ser prototipadas em horas, em vez de semanas, e finalmente transferidas para um ambiente de execução de alto desempenho construído sobre um servidor J2EE padrão e a base de dados Apache Cassandra altamente escalável.

Nó-vermelho

Uma ferramenta visual para ligar a Internet das Coisas, ou seja, ligar dispositivos de hardware, APIs e serviços online de formas novas e interessantes. Construído em Node.js, o Node- RED descreve-se como "uma ferramenta visual para ligar a Internet das Coisas". Permite aos programadores ligar dispositivos, serviços e APIs através de um editor de fluxos baseado no browser. Pode ser executado em Raspberry Pi, e mais de 60.000 módulos estão disponíveis para alargar as suas capacidades.

Hardware

Arduino Yun

24

O Arduino é uma plataforma eletrónica de código aberto baseada em hardware e software fáceis de utilizar. Este microcontrolador combina a facilidade de uma placa baseada em Arduino com o Linux. Inclui dois processadores - o ATmega32u4 (que suporta Arduino) e o Atheros AR9331 (que corre Linux). Outras características incluem Wi-Fi, suporte Ethenet, uma porta USB, ranhura para cartão micro-SD, três botões de reinicialização e muito mais.

BeagleBoard

A BeagleBoard oferece computadores do tamanho de um cartão de crédito que podem executar Android e Linux. Por terem requisitos de energia muito baixos, são uma boa opção para dispositivos loT. Tanto os projectos de hardware como o software que executam são de código aberto, e o hardware BeagleBoard (frequentemente vendido sob o nome BeagleBone) está disponível através de uma grande variedade de distribuidores. Experimente o Linux, Android e Ubuntu e inicie o desenvolvimento em cinco minutos com o cabo USB incluído.

Flutuar

O Flutter é um núcleo de processador programável para projectos de eletrónica, concebido para amadores, estudantes e engenheiros. Esta placa baseada em Arduino tem um transmissor sem fios que pode atingir mais de 800 metros. Além disso, não é necessário um router; as placas Flutter podem comunicar diretamente entre si. Inclui encriptação AES de 256 bits e é fácil de utilizar.

Feijão LightBlue Passar

O LightBlue Bean é um microcontrolador Arduino Bluetooth de baixa energia. Utilizando Bluetooth 4.0, é programado sem fios, funciona com uma bateria de célula tipo moeda e é perfeito para projectos controlados por smartphone. Com o Bean, pode programar sem fios a partir de qualquer um dos seus dispositivos. Chega de desaparafusar parafusos e descolar cola.

Microduino

A Microduino apresenta a série mais pequena do mundo de módulos inteligentes compatíveis com Arduino, que são pequenos, flexíveis, empilháveis e potentes, e que podem ser utilizados para criar uma quantidade ilimitada de projectos de bricolage. A Microduino oferece placas realmente pequenas que são compatíveis com o Arduino.

OpenPicus

A OpenPicus é uma empresa italiana de hardware que concebe e produz sistemas de Internet das Coisas em módulos denominados Flyport. O Flyport é um hardware aberto e a estrutura e o IDE do OpenPicus são software aberto. A sua plataforma e hardware são de código aberto, mas os seus produtos podem ser utilizados para criar produtos comerciais de código fechado. A empresa também oferece os seus serviços de desenvolvimento para aluguer.

Pinóquio

As placas Pinnoccio compatíveis com Arduino (a que a empresa chama "Scouts") ligam-se umas às outras numa rede em malha de baixa potência. Incluem uma bateria recarregável incorporada que pode ser ligada a painéis solares ou a qualquer fonte de alimentação USB. A organização também oferece o Pinoccio HQ, uma interface gráfica para monitorizar as actividades dos escuteiros, e o ScoutScript, uma linguagem de script fácil de utilizar para controlar os dispositivos.

RasWIK

Fabricado por uma empresa chamada Ciseco, RasWIK é a abreviatura de Raspberry Pi Wireless Inventors Kit. Permite a qualquer pessoa com um Raspberry Pi experimentar construir os seus próprios dispositivos com ligação Wi-Fi. Inclui documentação para 29 projectos diferentes ou pode criar o seu próprio projeto. Há uma taxa para os dispositivos, mas todo o código incluído é de código aberto e pode ser utilizado para construir produtos comerciais, se assim o desejar.

SODAQ

Abreviatura de "Solar-Powered Data Acquistion", SADAQ oferece placas compatíveis com Arduino com módulos de encaixe tipo Lego. O sítio Web inclui uma série de tutoriais, o que o torna adequado para principiantes. E o painel solar torna-o uma boa escolha para registar dados ambientais em vários locais onde pode não haver energia e ligações à Internet.

Tessel

O Tessel pretende tornar o desenvolvimento de hardware mais fácil para os programadores de software com este microcontrolador com JavaScript que se liga a qualquer porta USB. Também é possível ligá-lo a módulos adicionais para adicionar acelerómetro, luz e som ambiente, câmara, Bluetooth, GPS e/ou nove outras capacidades.

UDOO

Esta placa compatível com Arduino também pode executar Android ou Linux (uma distribuição chamada UDOObuntu) a partir do seu segundo processador. A placa orgulha-se de ser quatro vezes mais potente do que um Raspberry Pi. No sítio Web estão disponíveis vários tutoriais e projectos, bem como uma secção "Made by UDOOers", onde as pessoas podem mostrar as suas criações.

Software de automatização doméstica

OpenHAB

O OpenHAB permite que os dispositivos inteligentes que já tem em sua casa falem uns com os outros. É neutro em termos de fornecedor e hardware, funcionando em qualquer sistema compatível com Java. Um dos seus objectivos é permitir que os utilizadores adicionem novas funcionalidades aos seus dispositivos e os combinem de novas formas. Ganhou vários prémios e tem um serviço de computação em nuvem complementar chamado my.openHAB.

O sistema Thing

Promete encontrar todas as coisas ligadas à Internet em sua casa e reuni-las para que possa controlá-las. Suporta uma longa lista de dispositivos, incluindo termóstatos Nest, aparelhos de ar condicionado inteligentes Samsung, lâmpadas LED Insteon, Roku, Google Chromecast, smartwatches Pebble, fechaduras inteligentes Goji e muito mais. Está escrito em Node.js e pode ser instalado num Raspberry Pi.

Middleware

loTSyS

Este middleware loT fornece uma pilha de comunicação para dispositivos inteligentes. Suporta várias normas e protocolos, incluindo IPv6, oBIX, 6L0WPAN, Constrained

Application Protocol e Efficient XML Interchange. Vários vídeos no sítio Web mostram o seu funcionamento em ação.

OpenIoT

O sítio Web do OpenIoT explica que o projeto é "um middleware de código aberto para obter informações de nuvens de sensores, sem se preocupar com os sensores exactos utilizados". O seu objetivo é permitir a "deteção como um serviço" baseada na nuvem e desenvolveu casos de utilização para a agricultura inteligente, o fabrico inteligente, a deteção de multidões urbanas, a vida inteligente e os campus inteligentes.

AllJoyn

Originalmente criado pela Qualcomm, este sistema operativo de código aberto para a Internet das Coisas é agora patrocinado por uma das mais proeminentes organizações de IoT - a AllSeen Alliance, cujos membros incluem a Linux Foundation, a Microsoft, a LG, a Qualcomm, a Sharp, a Panasonic, a Cisco, a Symantec e muitos outros. Inclui uma estrutura e um conjunto de serviços que permitirão aos fabricantes criar dispositivos compatíveis. É multiplataforma com APIs disponíveis para Android, iOS, OS X, Linux e Windows 7.

Contiki

O Contiki descreve-se como "o sistema operativo de código aberto para a Internet das Coisas". Liga microcontroladores de baixo consumo à Internet e suporta normas como IPv6, 6lowpan, RPL e CoAP. Outras características-chave incluem alocação de memória altamente eficiente, rede IP completa, consumo de energia muito baixo, carregamento dinâmico de módulos e muito mais. As plataformas de hardware suportadas incluem Redwire Econotags, Zolertia zl motes, kits de desenvolvimento ST Microelectronics e chips e placas Texas Instruments. Está disponível suporte comercial pago.

Raspbian

Embora o Raspberry Pi tenha sido concebido como um dispositivo educacional, muitos programadores começaram a utilizar este computador do tamanho de um cartão de crédito para projectos de IoT. A especificação completa do hardware não é de código aberto, mas grande parte do software e da documentação é. O Raspbian é um sistema operativo popular para o Raspberry Pi que se baseia na distribuição Debian do Linux.

TUMULTO

O RIOT apresenta-se como "o sistema operativo amigável para a Internet das Coisas". Bifurcado do projeto FeuerWhere, o RIOT foi lançado em 2013. Seu objetivo é ser amigável ao desenvolvedor e aos recursos. Suporta várias arquiteturas, incluindo MSP430, ARM7, Cortex-MO, Cortex-M3, Cortex-M4 e PCs x86 padrão.

Faísca

O Spark é um sistema operativo de IoT distribuído e baseado na nuvem. A mesma empresa também oferece kits de desenvolvimento de hardware fáceis de usar e produtos relacionados que começam em apenas US$ 39 (e os projetos de hardware também são de código aberto). Inclui um IDE baseado na Web, uma interface de linha de comando, suporte para vários idiomas e bibliotecas para trabalhar com muitos dispositivos IoT diferentes. Tem uma comunidade de utilizadores muito ativa e está disponível muita documentação e ajuda online.

Bordo livre

O Freeboard tem como objetivo permitir que os utilizadores criem os seus próprios painéis de controlo para monitorizar as implementações de loT. O código está disponível gratuitamente no GitHub ou pode experimentar o serviço gratuitamente se tornar o seu painel de controlo público. Também estão disponíveis planos económicos para aqueles que pretendem manter os seus dados privados. Os exemplos de painéis de controlo no sítio mostram como podem ser utilizados para controlar a qualidade do ar, os aparelhos domésticos, o desempenho de uma destilaria ou as condições ambientais num humidificador.

Impressora excitante

O Exciting oferece um kit de código aberto para experimentar a impressão loT. Torna possível construir a sua própria pequena impressora e utilizá-la para imprimir informações obtidas a partir de vários dispositivos loT. Por exemplo, pode imprimir uma lista de lembretes diários, o boletim meteorológico, etc. E, numa reviravolta interessante, se quiser contactar os proprietários do projeto, pode fazer um desenho que será impresso na impressora loT no escritório deles.

Plataformas e ferramentas de integração

DispositivoHive

Inclui software de gestão baseado na Web fácil de utilizar para criar redes, aplicar regras de segurança e monitorizar dispositivos. O sítio Web oferece exemplos de projectos criados com o DeviceHub e também tem uma secção de "playground" que permite aos utilizadores utilizar o DeviceHub online para ver como funciona.

Devicehub.net

O Devicehub.net descreve-se como "a espinha dorsal de código aberto para a Internet das Coisas". Trata-se de um serviço baseado na nuvem que armazena dados relacionados com a loT, fornece visualizações desses dados e permite aos utilizadores controlar dispositivos loT a partir de uma página Web. Os programadores utilizaram o serviço para criar aplicações que rastreiam informações de saúde, monitorizam a localização de crianças, automatizam aparelhos domésticos, rastreiam dados de veículos, monitorizam o tempo e muito mais.

Kit de ferramentas loT

O grupo por detrás deste projeto está a trabalhar numa variedade de ferramentas para integrar várias redes de sensores e protocolos relacionados com a loT. O projeto principal é uma API de Objectos Inteligentes, mas o grupo também está a trabalhar num mapeamento semântico HTTP-para-CoAP, numa estrutura de aplicação com agentes de software incorporados e muito mais. Eles também patrocinam um grupo de encontro no Vale do Silício para pessoas interessadas no desenvolvimento de loT.

Manga

O Mango apresenta-se como "o software Machine-to-Machin (M2M) de código aberto mais popular do mundo". Baseado na Web, suporta várias plataformas. As principais características incluem suporte para vários protocolos e bases de dados, meta-pontos, eventos definidos pelo utilizador, importação/exportação e muito mais.

Nimbits

O Nimbits pode armazenar e processar um tipo específico de dados - dados com registo temporal ou geográfico. Está disponível uma plataforma pública como um serviço, ou pode descarregar o software e implementá-lo no Google App Engine, em qualquer servidor J2EE no Amazon EC2 ou num Raspberry Pi. Suporta várias linguagens de programação, incluindo Arduino, JavaScript, HTML ou a biblioteca Java Nimbits.io.

OpenRemote

O OpenRemote oferece quatro ferramentas de integração diferentes para amadores, integradores, distribuidores e fabricantes. Suporta dezenas de diferentes protocolos existentes, permitindo aos utilizadores criar praticamente qualquer tipo de dispositivo inteligente que possam imaginar e controlá-lo utilizando qualquer dispositivo que suporte Java. A plataforma é de código aberto, mas a empresa também vende uma grande variedade de suporte, livros electrónicos e outras ferramentas para ajudar no processo de conceção e desenvolvimento de produtos.

Local Onde

Site Where é uma plataforma loT de código aberto. Fornece um sistema que facilita a ingestão, o armazenamento, o processamento e a integração de dados de dispositivos. Este projeto fornece uma plataforma completa para gerir dispositivos loT, recolher dados e integrar esses dados com sistemas externos. Github

ThingSpeak

O ThingSpeak pode processar pedidos HTTP e armazenar e processar dados. As principais características da plataforma de dados abertos incluem uma API aberta, recolha de dados em tempo real, dados de geolocalização, processamento e visualização de dados, mensagens de estado dos dispositivos e plugins. Com o ThingSpeak, o utilizador pode criar aplicações de registo de sensores, aplicações de localização e uma rede social de coisas com actualizações de estado.

mnubo

A mnubo é uma solução SaaS que fornece uma plataforma de Big Data abrangente para a Internet das Coisas através de três soluções: mnubo smartobjects cloud, mnulabs e mnubo smartobjects analytics. A Mnubo facilita a modelação da lógica empresarial e a análise de Big Data, acelerando o seu tempo de colocação no mercado, permitindo-lhe concentrar-se naquilo que faz melhor - construir objectos inteligentes - com a plataforma mnubo a fornecer o suporte tecnológico subjacente essencial de que necessita. É a principal plataforma para os programadores da Internet das Coisas criarem, implementarem e gerirem regras e aplicações comerciais do mundo real utilizando dados de máquinas e obterem análises avançadas e conhecimentos comerciais para uma maior inovação.

Características principais:

- Implementar em nuvem pública, privada ou híbrida
- Criar análises personalizadas, aplicações ricas em dados e lógica empresarial
- Lida com grande velocidade, variedade e volume de dados estáticos e fluxos de loT
- Análise descritiva, preditiva e prescritiva
- Relatórios personalizados
- Visualizações de dados melhoradas
- APIs flexíveis

- Modelos de sensores reutilizáveis
- Bibliotecas e SDKs
- Acesso ao ambiente Sandbox

Oráculo

As soluções Java Embedded da Oracle têm como objetivo controlar as enormes quantidades de dados necessários e criados em resultado da Internet das Coisas, facilitando as comunicações sem descontinuidades entre todos os elementos da arquitetura IoT. Ao fornecer uma plataforma integrada, segura e abrangente para toda a arquitetura IoT em todos os mercados verticais, a Oracle permite a resposta em tempo real e a captura de dados de milhões de terminais de dispositivos. A Oracle oferece várias soluções, incluindo Oracle Java SE Embedded, Oracle Java ME Embedded, Oracle Java Embedded Suite e Oracle Event Processing para Oracle Java Embedded, para satisfazer os seus requisitos tecnológicos específicos. O Oracle Java SE Embedded é ideal para dispositivos com 11 MB ou mais de armazenamento alocado para Java, enquanto

O Oracle Java ME Embedded fornece uma plataforma rica em funcionalidades em dispositivos que não possuem os recursos necessários para executar o ambiente completo do Java SE Embedded.

Características principais:
- Captura de dados em tempo real
- Suporte para milhões de terminais de dispositivos
- Integra-se com os sistemas informáticos
- Gestão de soluções de ciclo de vida
- Plataforma M2M
- Capacidades comprovadas de middleware
- Facilitar as comunicações entre dispositivos

Enxame

O Swarm é uma plataforma de desenvolvimento de IoT que facilita a adição de novos serviços aos produtos. Os Dashboards do Swarm funcionam como páginas centrais e específicas dos dispositivos, oferecendo acesso visual e em tempo real às características dos dispositivos. Os Dashboards acrescentam valor aos produtos ligados, permitindo notificações e alertas de eventos, dados históricos, análises e relatórios e outras funcionalidades para transformar os dados das máquinas em informações accionáveis. A empresa-mãe da Swarm, a Bug Labs, também fornece a Freeboard para construir e implementar aplicações IoT de classe empresarial e a Dweet.io, que se auto-descreve como "Partilha de dados ridiculamente simples para a Internet das Coisas".

Características principais:
- Notificações e alertas de eventos
- Visualizações em tempo real
- Análises e relatórios
- Integração com produtos CRM/ERP
- Registos históricos de atividade
- Testes de conformidade

- Painéis centrais de dispositivos/portais de clientes
- Escrever aplicações para dispositivos utilizando linguagens Web padrão

Axeda

A Axeda fornece uma plataforma abrangente baseada na nuvem para gerir produtos e máquinas ligados e implementar aplicações loT e M2M. A plataforma é utilizada para transformar dados de máquinas em informações valiosas, criar e executar aplicações e integrar dados de máquinas com outras aplicações e sistemas para otimizar os processos empresariais. A plataforma da Axeda abrange todo o espetro de desenvolvimento e implementação de aplicações e integração da aprendizagem M2M nos processos empresariais quotidianos, desde medidas preventivas de segurança de dados até ao aprovisionamento e configuração de dispositivos.

Características principais:
- Serviços de aplicação, quadro de integração e gestão de dados
- Integrar dados de máquinas em aplicações de missão crítica
- API aberta; serviços REST e SOAP
- Comunicações bidireccionais, nuvem a nuvem
- Encaminhamento de menor custo
- Agentes seguros inteligentes para Internet, telemóvel e satélite
- Conjuntos de ferramentas de agentes incorporados
- Acompanhamento e monitorização de activos
- Alertas e notificações
- Provisionamento e configuração de dispositivos

OpenRemote

Uma solução de middleware de código aberto para a Internet das Coisas, o OpenRemote permite-lhe integrar qualquer dispositivo - independentemente da marca ou protocolo - e conceber qualquer interface de utilizador para iOS, Android ou navegadores Web. Utilizando as ferramentas de design baseadas na nuvem do OpenRemote para desenvolver soluções completamente personalizadas, as actualizações são simplificadas, o que significa que os seus dispositivos são literalmente à prova de futuro.

Características principais:
- Integra uma variedade de protocolos
- Soluções personalizadas para responder às suas necessidades
- Desde contas individuais a soluções de marca completa
- Ferramentas de desenho baseadas na nuvem

Éteres

A Etherios é um conjunto abrangente de produtos e serviços que apoia totalmente as empresas ligadas. O Etherios Device Cloud é uma solução PaaS que lhe permite ligar qualquer produto ou dispositivo e obter visibilidade em tempo real dos seus activos. A Social Machine, a solução SaaS baseada na nuvem da Etherios, integra dados de máquinas com a sua instância Salesforce.com, transformando-os em conhecimentos accionáveis para capacidades de CRM mais profundas e poderosas. Com suporte de serviços completos para soluções personalizadas e milhares de soluções com e sem fios prontas a usar, a Etherios faz a ponte entre a conetividade e a empresa modem.

Características principais:

- Soluções prontas a utilizar ou personalizadas
- Ativar qualquer dispositivo na nuvem com o Cloud Connector
- Laboratório sem fios de última geração
- Gerir todos os dispositivos ligados a partir de uma única interface
- Monitorizar e controlar dispositivos em tempo real
- Infraestrutura segura e escalável
- Ambiente seguro multi-tenant, de nível comercial
- Integrar dados de máquina com o Salesforce através da Máquina Social (SaaS)

ioBridge

Conecte qualquer produto a um dispositivo móvel via web com a plataforma RealTime.io loT e a tecnologia RealTime.io Iota do ioBridge. Quer seja necessário ligar um único produto ou mais de um milhão de produtos, o ioBridge acelera o tempo de colocação no mercado e reduz o custo por produto ligado. Mais de 50.000 utilizadores em 40 países já confiam no ioBridge para ligar os seus dispositivos à Internet, recolher dados de utilização de produtos, efetuar a manutenção remota de dispositivos e obter informações accionáveis em tempo real para orientar a tomada de decisões.

Características principais:

- Iota disponível como módulos ou firmware
- Instalação simples
- API Web para aplicações personalizadas
- Integrar com sistemas próprios ou de terceiros
- Interface Web gratuita e painel de controlo configurável pelo utilizador
- Os clientes podem criar dashboards sem escrever software
- Suporta 100.000 a 1.000.000 dispositivos por servidor
- Não são necessárias subscrições para os utilizadores finais
- Gateway baseado em Iota para implementação pronta a utilizar

Soluções SAP para a Internet das Coisas

As soluções loT da SAP facilitam a conetividade e a comunicação multidirecional para permitir que os utilizadores interajam com os seus dispositivos de novas formas. Transformar as operações no serviço de campo e na gestão remota de activos, fornecer visibilidade da cadeia de fornecimento e prever e resolver estrangulamentos logísticos são apenas alguns dos desafios resolvidos pelas soluções de manutenção e serviço remoto, logística ligada e retalho ligado da SAP para a loT.

Características principais:

- Integrar dados em tempo real com análises de distribuição
- Acompanhar e monitorizar os activos
- Atualização remota de software
- Visibilidade em tempo real e de ponta a ponta da carga, contentores e mercadorias expedidas
- Identificar e retificar os estrangulamentos logísticos

- Controlo do tráfego em tempo real
- Obter informações sobre a execução do comércio retalhista
- Responder a sinais de procura actualizados ao minuto
- Utilizar algoritmos preditivos para otimizar a localização dos produtos

Zatar

Uma nova infraestrutura baseada na nuvem que detecta (ou "vê") automaticamente os seus dispositivos e os liga à Internet, a Zatar é uma plataforma aberta para gerir toda a sua rede de dispositivos. Ao ligar todos os seus dispositivos à mesma plataforma e ao facilitar a comunicação M2M, todos os dispositivos ligados e os respectivos utilizadores podem partilhar dados e colaborar sem problemas. Construa novas experiências para o cliente ou reinvente completamente o seu negócio com a plataforma loT e M2M da Zatar.

Características principais:
- Interface de fácil utilização, optimizada para tablet
- Plataforma baseada na nuvem
- Funcionalidade pronta a utilizar, sem necessidade de desenvolvimento
- Perfis individuais, específicos do dispositivo
- Visualização de dados em tempo real
- Dispositivos públicos ou privados com opções de acesso partilhado
- Permite funções de redes sociais em dispositivos loT
- Funciona com todos os tipos de dispositivos
- API baseada em REST e JSON
- Escalável
- Utilizar aplicações prontas a utilizar ou personalizadas

ThingWorx

A ThingWorx facilita a criação rápida e simplificada de aplicações inteligentes de ponta a ponta para a agricultura, cidades, redes, água, construção e telemática. As indústrias tradicionais são transformadas e equipadas com conetividade moderna e soluções mais inteligentes através de dispositivos conectados que fornecem recolha e análise de dados abrangentes para a tomada de decisões baseadas em dados. A ThingWorx reduz o tempo, o custo e os riscos da criação de aplicações M2M e loT. Os utilizadores podem criar interfaces móveis abrangentes com zero codificação, tirar partido do ThingWorx Composer para modelação de aplicações, bem como dashboards em tempo real e espaços de trabalho colaborativos - tudo com a escalabilidade para suportar milhões de dispositivos.

Características principais:
- Conceção baseada em modelos com o ThingWorx Composer
- SQUEAL (Search, Query, Analysis) para inteligência baseada na pesquisa
- Ambiente completo de conceção, tempo de execução e inteligência
- Criar painéis de controlo em tempo real e espaços de trabalho colaborativos
- Criar interfaces móveis sem codificação
- Motor de execução orientado para eventos
- Armazenamento tridimensional
- Suporta requisitos de escala para milhões de dispositivos

- Suporta nuvens de dispositivos de terceiros, ligações de rede directas e muito mais

Arrayent

A Arrayent é uma plataforma de loT para objectos ligados, que permite a grandes marcas como a Whirlpool, Maytag e First Alert levar dispositivos inteligentes e ligados aos consumidores. A plataforma aborda ambos os extremos do espetro de produtos com aplicações para empresas e consumidores, juntamente com análises de dados e uma estrutura móvel para uma instalação completa plug-and-play a um custo razoável. A plataforma é dimensionada para suportar milhões de dispositivos.

Características principais:
- O Arrayent Connect Cloud aloja dispositivos virtuais
- O código de aplicações complexas reside na nuvem
- Alertas por correio eletrónico e SMS
- Notificações push para iOS e Android
- Acionar acções de resposta com alertas
- Transferências e actualizações de firmware pelo ar
- Tempos de resposta de ponta a ponta de 200-400ms
- Interpretador de Protocolo de Dispositivo (DPI) para dispositivos de ponto de extremidade antigos
- Suporta uma variedade de plataformas informáticas
- Interface de desenvolvimento consistente entre produtos

Tecnologias Sine-Wave

A Sine-Wave Technologies é a principal plataforma de Internet das Coisas que permite o rápido desenvolvimento e implementação de soluções de gestão de activos remotos de alto desempenho e de marca para empresas. Com um conjunto hospedado de APIs, a plataforma Sine-Wave fornece o suporte necessário para criar, implantar e gerenciar aplicativos de loT. Agnóstica em termos de hardware e rede, a plataforma aberta da Sine-Wave suporta dispositivos inteligentes de qualquer fornecedor, bem como dispositivos personalizados. É possível até mesmo integrar-se com seus sistemas legados de back- office usando o Business Adapter Framework da Sine-Wave.

Características principais:
- Funciona com qualquer infraestrutura de rede
- API de front-end disponível através da interface JavaScript/HTTP Servlet
- Desenvolver aplicações utilizando qualquer linguagem de computação de modem
- Estrutura do adaptador de dispositivo escrita em Java ou .NET
- Escala automaticamente para o crescimento; não é necessária reengenharia
- Interfaces para os subsistemas de transação, evento, estado e acionamento
- Infraestrutura alojada na nuvem
- Plataforma de alojamento de nível de operadora
- Redundância, failover e escalonamento sem alterações na base de código
- Business Adapter Framework para integrar tecnologias antigas
- Licenciamento pago conforme o crescimento

Redes Ayla

Uma plataforma de ativação de aplicações baseada na nuvem, a Ayla Networks é uma solução simples e económica para os OEM ligarem qualquer dispositivo à Internet. Com uma estrutura adaptável para a criação de aplicações inovadoras que ligam as comunicações entre o dispositivo, a nuvem e a aplicação, a Ayla Networks fornece poderosos agentes de software incorporados em dispositivos conectados e aplicações de dispositivos móveis para suporte de ponta a ponta. Com a Ayla Networks, é possível integrar conetividade segura e inteligência de dados em qualquer produto sem modificações significativas no design ou no modelo de negócios.

Características principais:
- Não é necessário re-arquitetar o código do processador anfitrião
- Desenvolver dispositivos ligados e aplicações em paralelo
- Totalmente escalável
- Possibilidade de atualização total por via aérea
- Gerir utilizadores, dispositivos e dados com visibilidade total
- Funcionalidades avançadas de capacitação de aplicações
- Análise do comportamento do utilizador
- APIs nuvem-nuvem e nuvem-empresa
- Múltiplas opções de integração
- Permissões baseadas em funções; vários tipos de utilizadores
- Mapeamento de dispositivos
- Automatização baseada em regras
- Programar actividades com horários de ligar/desligar definidos pelo utilizador

Echelon

A Echelon é uma plataforma de Internet Industrial das Coisas (IIoT) com um conjunto completo de chips, pilhas, módulos, interfaces e software de gestão para o desenvolvimento de dispositivos, comunidades peer-to-peer e aplicações fornecidas através da pilha de dispositivos IzoT, pilha de servidores IzoT e FT 6000 EVK. O Echelon distingue-se de uma plataforma IoT de consumo ao abordar os principais requisitos para a IIoT, incluindo controlo autónomo, fiabilidade industrial, suporte para a evolução do legado e segurança excecional.

Características principais:
- Suporta dispositivos com ou sem fios
- Chips, módulos, routers e software de gestão
- Recolher dados de sensores físicos e enviar para outros dispositivos
- APIs REST
- Pacote IzoT Python incluído na pilha de dispositivos IzoT
- Modelo de dados Publish-subscribe sobre IP
- Software pronto a utilizar para o Raspberry Pi
- Construir uma miríade de dispositivos de controlo da carga

EVRYTHNG

Dê a qualquer produto ou objeto a sua própria Identidade Digital Ativa com o Motor EVRYTHNG, oferecendo APIs ricas, acesso seguro e uma presença online persistente. Com a EVRYTHNG, os clientes podem personalizar os produtos com conteúdo digital único e gerado pelo utilizador, as marcas podem recompensar os clientes por acções ou compras, transformar os produtos em objectos virtuais para permitir a partilha social para impulsionar as vendas e aceder a análises em tempo real para capitalizar e melhorar as características e capacidades que os consumidores exigem. Uma plataforma de ponta a ponta, a EVRYTHNG fornece tudo o que é necessário para tornar os produtos inteligentes, interactivos e rastreáveis.

Características principais:

- Servir milhões de identidades digitais activas
- Presença digital persistente e única para qualquer objeto físico
- Intercâmbio de dados de objectos com CRMs ou ERPs
- Suporta uma variedade de tecnologias
- Controlar produtos ligados diretamente a partir da Web
- URL curto único e reprogramável para cada objeto
- Motor de regras poderoso para aplicações personalizadas
- Organizar produtos com colecções, etiquetas ou lotes
- Pesquisa funcional
- HTTPS e tokens de API com segurança criptográfica
- Gerir milhares de milhões de objectos sem sacrificar o desempenho

Exosite

A Exosite permite que os programadores desbloqueiem o potencial das aplicações da Internet das Coisas com análises visuais em tempo real e tecnologias de dispositivos em nuvem escaláveis. Uma plataforma de ponta a ponta para criar e implementar aplicações IoT personalizadas, a Exosite facilita a obtenção de informações valiosas a partir de dispositivos do quotidiano, capacitando as marcas ao colocar os seus dados existentes na ponta dos dedos de forma acionável.

Características principais:

- Sistema hospedado, baseado em servidor
- APIs de serviços Web
- Crie rapidamente protótipos e implemente aplicações IoT
- A estrutura integrada elimina as complexidades da infraestrutura
- Backend leve e flexível
- UDP, HTTP, JSON RPC e APIs de provisionamento
- Variedade de kits de desenvolvimento disponíveis

Xively

O Xively, um produto da LogMeIn desenvolvido na Gravity Cloud, permite que as empresas aproveitem a Internet das Coisas para obter informações comerciais do mundo físico. Descubra e implemente soluções completas de IoT com a Plataforma Xively IoT, tire partido das inovações do ecossistema de parceiros de classe mundial da Xively e integre os seus dispositivos físicos e dados associados com o seu CRM, ERP ou outros sistemas empresariais existentes. A Xively simplifica o desenvolvimento com um modelo PaaS com bibliotecas pesquisáveis de objectos e permissões para dezenas de linguagens e plataformas, e a API RESTful da Xively suporta vários formatos de dados, incluindo JSON, XML e CSV.

Características principais:
- loT Platform-as-a-Service construída em nuvem pública
- Escalabilidade elástica
- Capacidades intuitivas de gestão do ciclo de vida
- Arquivamento de séries cronológicas, accionadores condicionais e permissões de pormenor
- Provisionamento, ativação e gestão de dispositivos
- Gestão e encaminhamento de mensagens em tempo real
- Developer Workbench e Consola de Gestão de Dispositivos
- Suporta milhões de dispositivos em tempo real
- A API RESTful suporta os formatos de dados JSON, XML e CSV
- Bibliotecas de clientes para iOS, Android, JavaScript e muito mais
- Bibliotecas de servidor para Ruby, Python, Java e muito mais

Marvell

A Marvell simplifica o processo de introdução de dispositivos conectados no mercado com soluções flexíveis e económicas para OEMs e ODMs com soluções de hardware e software. A plataforma de microcontroladores Wi-Fi da Marvell para a Internet das Coisas é uma plataforma de hardware/software que permite uma conetividade perfeita com clientes móveis, serviços na nuvem e outros dispositivos. Os SoCs Wi-Fi Avastar da Marvell possuem firmware que executa grande parte do manuseamento do protocolo Wi-Fi necessário, e o Software Easy-Connect é uma pilha de software rica em funcionalidades para um desenvolvimento rápido a um custo mais baixo.

Características principais:
- FreeRTOS Sistema operativo
- Quadro de gestão de energia para aplicações de baixo consumo
- Permitir a transmissão áudio e visual em qualquer dispositivo loT
- Componentes avançados de middleware de rede
- Bibliotecas incorporadas para acelerar o desenvolvimento
- Integrações de clientes móveis e na nuvem
- Modelos de comunicação flexíveis para P2P, dispositivo a dispositivo
- Suporte para atualização de firmware over-the-air com codificação mínima
- Suporte para plataformas de desenvolvimento Linux, Windows e MacOS

Carriots

A Carriots é uma plataforma loT que permite às empresas ligar facilmente dispositivos à Internet e desenvolver aplicações inteligentes em apenas cinco passos. Com protocolos de comunicação bidirecional, capacidades baseadas em regras e suporte para qualquer tipo de dispositivo, qualquer hardware e Arduino, Raspberry Pi, Nanode e muito mais, o Carriots é uma solução completa para aderir rapidamente à revolução loT.

Características principais:
- Apikeys, checksums e HTTPS
- Dados armazenados na Base de Grandes Dados NoSQL
. API RESTfiil

- Gerir remotamente as configurações e o hardware
- Abordagem de desenvolvimento "se-então-então
- Scripts Groovy; estratégias push e pull
- Integrar em fluxos de dados externos ou com outros sistemas

Arkessa

Fornecendo soluções de conetividade e gestão para a loT, a Arkessa permite a monitorização, gestão e controlo de dispositivos ligados com o mesmo nível de funcionalidade simplificada como se os seus dispositivos estivessem ligados diretamente ao seu ambiente de trabalho através da sua plataforma Mosaic loT. As soluções empresariais da Arkessa permitem que as empresas aproveitem a loT para desenvolver novos fluxos de receita, melhorar a satisfação do cliente e fornecer maior valor a partir de dispositivos remotos. A plataforma da Arkessa foi comprovada em mais de 500 redes móveis em mais de 200 países em todo o mundo.

Características principais:
- Disponível como uma solução PaaS, alugada ou licenciada
- Alojado na nuvem, no centro de dados ou no local
- Compatível com novos dispositivos loT ou dispositivos M2M antigos
- Controlo em tempo real e dados consolidados
- Portal único de gestão de património para gestão de dispositivos
- Certificado pela Oracle como ExaStack Ready
- Integrar dados de máquinas com sistemas CRM, ERP, de grandes volumes de dados e analíticos
- Os dados totalmente encriptados estão em conformidade com os regulamentos internacionais
- Suporta GSM, GPRS, 3G, 4G e satélite

GroveStreams

Da energia aos cuidados de saúde e às empresas, a GroveStreams oferece soluções de loT para uma grande variedade de indústrias, incluindo tecnologia de sensores para monitorização ambiental.
A plataforma de análise de streaming de dados com patente pendente da GroveStreams permite-lhe recolher grandes quantidades de dados e analisá-los em tempo real para tomar decisões mais inteligentes.

Características principais:
- Pode armazenar mais de 60 milhões de pontos de dados
- Suporta muitos tipos de dados
- Tempos de amostragem exactos até ao milissegundo
- Fluxos derivados
- Deteção de lacunas de intervalo para monitorização da qualidade dos dados
- Painel de controlo HTML de arrastar e largar
- Segurança de acesso baseada em funções
- API RESTfiil
- Filtragem do tempo de utilização

CeNSE da HP

A HP está a revolucionar a forma como os dados são recolhidos e analisados com o CeNSE (Central Nervous System for the Earth). Trata-se de uma rede altamente inteligente composta por milhares de milhões de sensores à escala nanométrica capazes de sentir o paladar, o olfato, a visão, o tato e a audição. Fornecendo dados em tempo real sobre o ambiente físico, o CeNSE permite às empresas e organizações detetar e responder melhor às alterações ambientais, biológicas e físicas ou estruturais. A primeira aplicação comercial da tecnologia CeNSE está a ser realizada com a Shell, o que implicará um sistema de deteção sem fios para adquirir dados sísmicos de alta resolução para obter uma imagem clara dos reservatórios de petróleo e gás.

Características principais:

- Os sensores serão capazes de detetar fugas de gás e outros problemas
- Útil para estradas, edifícios e outras infra-estruturas
- Utilização potencial para a deteção de contaminação de alimentos/água
- Útil para o controlo de doenças e monitorização de doentes
- Poderá conduzir a ganhos de lOx na produção
- Pode prolongar a vida útil dos componentes de fabrico em 50%

ARM

A ARM cria sensores, controladores, microprocessadores e outros tipos de inteligência incorporada para a loT, permitindo que objectos comuns detectem automaticamente variáveis no ambiente, comuniquem com outros dispositivos e objectos e interajam com aplicações baseadas na nuvem e outras redes. A ARM licencia tecnologia a vários parceiros, permitindo que as organizações acrescentem valor e se diferenciem da concorrência.

Características principais:

- Processadores Cortex
- Desenvolver plataformas de elevado desempenho e baixo custo
- Os processadores lidam com vários canais de E/S e normas de protocolo
- Ferramentas Keii
- Bibliotecas PIPD de vazamento ultrabaixo
- Processadores gráficos e motores de vídeo
- Cartões inteligentes, contadores inteligentes e outros produtos incorporados
- Periféricos e ferramentas de desenvolvimento; DS-5 Development Studio

Nimbits

O Nimbits é umPaaS que pode ser descarregado num Raspberry Pi, num servidor Web, no Amazon EC2 ou no Google App Engine. A plataforma é utilizada para desenvolver soluções de hardware e software que podem ligar-se à nuvem ou entre si, registar e recuperar grandes quantidades de dados de dispositivos físicos, desencadear eventos ou alertas ou iniciar análises complexas.

Características principais:

- Descarregar os servidores Nimbits em chips, servidores ou na nuvem
- Plataforma de código aberto
- Accionadores de eventos e alertas

- Registar e processar dados geográficos e com carimbo de data/hora
- Construção fornecida para o Google App Engine e sistemas Linux
- Compatível com a maioria dos servidores J2EE (Apache Tomcat, Jetty Server)

Abrir Sen.se

O Open Sen.se não aborda a Internet das Coisas, mas a Internet de Tudo - um mundo em que os seres humanos, a natureza, as máquinas, a informação, os objectos e os ambientes interagem e comunicam de diferentes formas. O Open Sen.se fornece uma plataforma para imaginar, criar protótipos e testar novos dispositivos, instalações, cenários e aplicações para este novo mundo interligado. É gratuito e fácil de utilizar, permitindo que tanto profissionais como amadores façam experiências com facilidade.

Características principais:

- Transformar a informação em ação com os accionadores
- Dispositivos, pessoas e aplicações enviam dados para Sen.se
- Interação em tempo real com dispositivos e objectos remotos
- Visualizações ricas
- Ferramentas de mashup

Paraimpu

Paraimpu é uma ferramenta social para ligar dispositivos físicos e virtuais, compondo-os e interligando-os, e partilhando dados e objectos publicados na Web social. Com o Paraimpu, é possível criar aplicações personalizadas para a Internet das Coisas, permitindo que os seus dispositivos e objectos reajam a alterações ambientais, actividades ou eventos. Em última análise, o resultado é um mashup físico-virtual da Web em que os utilizadores podem explorar dados partilhados e objectos virtuais para desenvolver as suas próprias aplicações e dispositivos.

Características principais:

- Ligar coisas, serviços, dispositivos e APIs
- Ligar coisas entre si ou ligar a redes sociais
- Definir regras e accionadores
- Recursos fáceis de utilizar para Max/MSP
- Categorias de coisas pré-definidas
- Criar e gerir aplicações baseadas em coisas
- Ligar até 8 coisas
- 43 200 comunicações por mês
- 500 itens de dados por coisa armazenada na nuvem

Sociot.al

O Sociot.al é um projeto que visa criar uma Internet das Coisas socialmente consciente e centrada no cidadão. Atualmente, a IoT é fortemente centrada nos negócios, com aplicações empresariais a serem utilizadas para otimizar os processos empresariais e extrair conhecimentos reais dos ambientes. Nestes sistemas, os dados estão disponíveis apenas numa rede ou espaço pré-definido. O Sociot.al pretende colmatar a lacuna entre estes sistemas de IoT centrados nas empresas e a infraestrutura fornecida pelos cidadãos, facilitando ecossistemas abertos em que os dados e a informação são partilhados de forma livre e segura.

Um projeto em curso, o Sociot.al tem um plano de trabalho e uma visão claros para permitir uma loT centrada no cidadão.

Características principais:

- Ferramentas e plano de trabalho propostos para reduzir os obstáculos à participação dos cidadãos na loT: o Ambiente de utilizador simples e intuitivo

  o API para integração de dispositivos

  o Capacidades simples de criação de serviços

  o Plugins para as plataformas mais comuns

  o Ambiente de criação de serviços para os criadores o Contribuições de profissionais e cidadãos
- Pilotagem de 2 serviços em Santander e Novi Sad:

  o Segurança pública

  o Eficiência dos recursos

NovoAer

O SDK da plataforma de proximidade da NewAer é um cliente leve e de baixo consumo para tornar as aplicações contextualmente conscientes sem beacons. Funciona em todos os tipos de dispositivos e plataformas, funciona igualmente bem tanto no interior como no exterior e é capaz de desencadear acções tanto no dispositivo como na nuvem. A NewAer também oferece três aplicações: Share, para o intercâmbio de ficheiros entre dispositivos próximos, Kiosk, que permite a publicidade de proximidade sem a utilização de beacons, e ToothTag, que permite definir acções e personalizações sem emparelhamento, através da simples marcação de dispositivos.

Características principais:

- Criar aplicações para todos os tipos de dispositivos
- Sem hardware adicional
- Permite a comunicação entre quaisquer plataformas
- Utilizar qualquer coisa como um farol
- Não é necessário emparelhamento; utiliza tecnologia de rádio
- Todos os rádios interagem em vez de existirem em paralelo
- Regras de percurso para aplicações
- Baixa potência

SensorCloud

O SensorCloud é uma solução da LORD MicroStrain, uma empresa que produz transdutores, sensores e redes de sensores inteligentes e incorporados. O SensorCloud fornece análises integradas de Big Data, alertas automatizados e relatórios acionáveis para manutenção preditiva e monitoramento simplificado de dispositivos conectados. Uma plataforma única de armazenamento de dados, virtualização e gestão remota, o SensorCloud suporta qualquer dispositivo, sensor ou rede de sensores através de uma API OpenData.

Características principais:

- Armazenamento de dados ilimitado
- Fiabilidade triplamente redundante
- Recolher e preservar fluxos de dados de sensores a longo prazo

- Ferramenta de visualização/gráfica de séries temporais
- Navegar facilmente através de grandes quantidades de dados
- Aprofundar a análise de pontos de interesse específicos
- Implementar rapidamente aplicações de processamento e análise de dados
- Script flexível de alerta por SMS/email

ThingSpeak

Uma plataforma de dados aberta para a Internet das Coisas, o ThingSpeak permite a recolha de dados em tempo real com uma API aberta e capacidades sofisticadas de processamento e análise de dados. Com plugins, visualizações de dados e a capacidade de integrar os seus dados com uma variedade de plataformas, sistemas e tecnologias de terceiros, incluindo outras plataformas IoT líderes como o ioBridge e o Arduino, o ThingSpeak é o complemento perfeito para um sistema empresarial existente para explorar a Internet das Coisas.

Características principais:
- API aberta
- Integrar com Raspberry Pi, Adruino, ioBridge/RealTime.io e muito mais
- Dados de geo-localização
- Processamento e visualização de dados
- Mensagens de estado do dispositivo
- Integração de redes sociais
- Integrações com análise de dados e serviços de terceiros
- ThingSpeak API com tecnologia Phusion Passenger Enterprise

Yaler

O Yaler fornece uma infraestrutura de retransmissão que proporciona acesso seguro à Web e SSH a sistemas incorporados, mesmo que estes estejam localizados atrás de uma firewall, NAT ou router de rede móvel, e funciona com qualquer dispositivo com um socket TCP. Sendo uma plataforma de pagamento por utilização, o Yaler é uma solução económica que oferece suporte empresarial de primeira qualidade. São fornecidos exemplos em C, C#, Java e Python para utilização com Raspberry Pi, Arduino, Netduino, BeagleBone e dispositivos semelhantes.

Características principais:
- Funcionalidade "plug-and-play" para os utilizadores finais
- Acesso através de qualquer browser ou telefone
- Endereçabilidade e acessibilidade para dispositivos bloqueados por firewalls, NAT ou routers móveis
- Aceder ao seu dispositivo a partir de um cliente, como um browser, Curl, Android, etc.

Custo: Contactar para obter um orçamento

Jasper

A Jasper é utilizada por algumas das maiores empresas do mundo para lançar, gerir e rentabilizar dispositivos ligados e poderosas aplicações IoT. A Plataforma Jasper Control Board altamente configurável é personalizável para se adequar às suas necessidades operacionais específicas, modelos de negócio e requisitos em todas as indústrias e em todo o mundo. A Jasper serve as necessidades de loT, tais como carros conectados e mobilidade empresarial, oferecendo visibilidade total da rede em todos os dispositivos e monitorização em tempo real para um controlo preciso e conhecimentos mais profundos para impulsionar a tomada de decisões.

Características principais:
- Automatizar e controlar dispositivos
- Analisar padrões de comportamento e desempenho
- Monitorização em tempo real
- Configurar regras para segmentação e pontuação
- Configurar ofertas, campanhas e programas
- Definir alertas de serviço e eventos de campanha
- Manter a visibilidade total da rede
- Automatizar processos de ativação
- Identificação de problemas e resolução de problemas em tempo real
- Integra-se com a infraestrutura de TI existente

XobXob

Adicione qualquer projeto à loT com o serviço de nuvem simples do XobXob. Os dispositivos ligados podem enviar e receber mensagens dos Xobs, que funcionam como pequenas caixas de correio. Ao partilhar Xobs, os dispositivos podem comunicar e interagir uns com os outros, permitindo acções como o controlo remoto de uma porta de garagem utilizando um smartphone. Concebido para ser simples, com uma necessidade mínima de programação, o XobXob fornece uma gama de projectos de exemplo e ferramentas para simplificar o processo.

Características principais:
- Liga dispositivos físicos e virtuais
. RESTfulAPI
- Funciona com qualquer plataforma ligada à Internet
- Bibliotecas Arduino
- Atualmente em fase alfa
- Bibliotecas e projectos de amostra adicionais a serem produzidos

Linkafy

A Linkafy capacita a casa inteligente com uma PaaS para que os fabricantes de electrodomésticos introduzam facilmente no mercado electrodomésticos ligados. A Linkafy funciona como uma única aplicação que pode controlar todos os aparelhos na casa ou no ambiente do utilizador final, em vez da complexa miríade de aplicações geralmente necessárias para operar vários aparelhos de diferentes fabricantes. Os fabricantes utilizam a API ou o SDK da Linkafy para se integrarem com dispositivos prontos para loT, permitindo aos clientes controlar, monitorizar e programar tarefas em vários aparelhos domésticos a partir de uma interface central.

Características principais:
- Ver as notificações do aparelho numa interface central
- Tratar notificações e agendar tarefas remotamente

- Partilhe o controlo remoto e a monitorização com outros utilizadores
- Monitorizar o consumo de serviços públicos ao longo do tempo
- Notificações baseadas em eventos e accionadores
- Configurar horários diários para monitorização da segurança ou outras acções
- Funciona em todas as plataformas móveis

Revolução

Unifique, controle e automatize todos os seus aparelhos domésticos inteligentes e dispositivos ligados com o Revolv. Um sistema preparado para o futuro com 7 rádios e compatibilidade com centenas de dispositivos, o Revolv é uma solução simples e perfeita para que os consumidores finais compreendam e assumam o controlo da IoT.

Características principais:
- Controlo doméstico ou remoto de luzes, aparelhos
- Ligar ao Hub através de Wi-Fi local
- Não é necessário cabo Ethernet
- A tecnologia Flash Link™ utiliza o flash da câmara do smartphone para transferir dados
- O painel de controlo central "Home" oferece uma visão panorâmica de todos os dispositivos
- Configurar acções automatizadas de dispositivo para dispositivo
- Geo-Sense, com base no tempo, dispositivo a dispositivo, acções a pedido

Rio Wind

A Wind River vem fornecendo inteligência conectada do calibre IoT há décadas. A Wind River fornece uma base para a operação fiável e eficiente de redes IoT e dispositivos conectados para indústrias altamente regulamentadas e aplicações de missão crítica.

Características principais:
- Ligar dispositivos antigos à IoT
- Gerir os dados dos sensores
- Monitorização e análise em tempo real
- Potencia aplicações sofisticadas para o sector automóvel, aeroespacial e muito mais
- Convergir sistemas em silos

Wovyn

Uma arquitetura aberta e distribuída para explorar novas oportunidades e modelos de negócio com a IoT, o Wovyn é capaz de ligar qualquer sensor a qualquer aplicação utilizando qualquer protocolo. Utilizado para aplicações pessoais, comerciais, industriais e militares, o Wovyn é uma poderosa plataforma de middleware para a Internet das Coisas.

Características principais:
- Sensores sem fios para monitorização em tempo real
- Configurar notificações por SMS, texto ou correio eletrónico
- Conectividade Wi-Fi, 2G e 3G
- Plataforma flexível
- Produtos de sensores Wovyn USB e Wi-Fi

Laboratório de Investigação das Coisas da Microsoft

Uma plataforma para investigação experimental, o Lab of Things da Microsoft Research é uma solução inovadora que permite a interligação de dispositivos e a implementação de cenários de aplicação. As empresas podem implementar e monitorizar estudos de campo e analisar dados experimentais, bem como partilhar dados, código e participantes entre uma comunidade ligada e cooperativa. Os projectos abrangem os cuidados de saúde, a gestão de energia, a domótica e outros sectores, suportando um grande número de sensores e dispositivos à escala.

Características principais:
- Implementar sensores e dispositivos
- HomeOS componente do lado do cliente/plataforma de código-fonte
- HomeOS implantado em PC baseado em Windows (HomeHub)
- As experiências são implementadas a partir de HomeHubs
- Amostras de aplicações e de código-fonte
- Alertas, Visualizador de câmaras, Sensor, Aplicações de luzes
- Implementar dispositivos prontos a utilizar ou personalizados

InfoBright

A InfoBright ajuda as empresas a competir com base na maturidade analítica com a sua arquitetura Knowledge Grid, que funciona como uma plataforma de base de dados analítica para a Internet das Coisas, permitindo que as empresas armazenem, analisem e actuem sobre grandes quantidades de dados gerados por máquinas. Com uma edição comunitária gratuita e uma versão de classe empresarial para empresas que exigem um desempenho e capacidades robustos, a InfoBright é compatível com as principais plataformas de Business Intelligence, como a Cognos e a Microstrategy, facilitando sistemas empresariais totalmente interligados.

Características principais:
- Não são necessários esquemas específicos
- Compatível com plataformas de Business Intelligence (Pentaho, Talend, Jaspersoft, etc.)
- O desempenho da consulta e da carga mantém-se constante com o crescimento da base de dados
- Processador de carga distribuído para carregar TBs por hora
- Escala para lidar com petrabytes de dados
- Não é necessária uma infraestrutura de hardware complexa
- Funciona em servidores padrão da indústria e de baixo custo
- Cada servidor pode ser dimensionado para processar centenas de tetrabytes de dados
- Compressão de dados de 10:1 a 40:1
- Tempos de resposta rápidos para consultas ad-hoc complexas

Contiki

O Contiki é um sistema operativo de código aberto para a Internet das Coisas, que liga microcontroladores de baixo custo e baixo consumo de energia à Internet e permite um desenvolvimento rápido e simplificado. O Instant Contiki fornece um ambiente de desenvolvimento completo numa única transferência e as aplicações são escritas em C. O simulador Cooja permite emular redes Contiki antes de as gravar em hardware; o Contiki funciona numa série de dispositivos sem fios de baixo consumo - a maioria dos quais pode ser facilmente adquirida através da Internet. Há uma variedade de plataformas de hardware disponíveis gratuitamente no código do Contiki.

Características principais:
- Elevada eficiência de memória
- Mecanismos de atribuição de memória (memm, memb, etc.)
- Pilha de rede IP completa
- Concebido para sistemas de potência extremamente baixa
- Suporta protocolos IETF normalizados e padronizados
- O mecanismo de ciclo de funcionamento do rádio ContikiMAC permite routers adormecidos
- Sistema de ficheiros flash leve e económico
- Shell de linha de comando opcional
- Pilha de rede sem fios Rime
- Simulador Cooja para emulação de dispositivos de hardware

llemetria

A 21emetry impulsiona a empresa conectada, transformando dados brutos em inteligência acionável em tempo real através da interligação de pessoas, dispositivos e dados. Funcionando de forma semelhante a uma solução de middleware de integração de aplicativos empresariais (EAI), a plataforma 21emetry ThingFabric fornece conetividade de dispositivos em escala, comunicação cruzada e corretagem e armazenamento de dados. Mas a 21emetry não se limita à recolha de dados, fornecendo modelos computacionais preditivos e um motor de regras configurável para permitir a automatização e a obtenção de inteligência acionável.

Características principais:
- Agnóstico em relação ao hardware
- Pequena pegada de cliente de dispositivo
- Não é necessária a conceção de bases de dados nem a configuração de dispositivos complexos
- Aprovisionamento automático
- Torna os dados imediatamente disponíveis em aplicações empresariais locais
- Sem limites mínimos ou máximos de dispositivos
- Capacidade de armazenar milhares de milhões de registos por cliente (petrabytes de dados)
- Capacidades de leitura e escrita instantâneas, mesmo para grandes cargas de Big Data
- Conformidade com a norma ISO 270001, com parceiros que concluíram a auditoria SAS70 Tipo II

AllJoyn

O AllJoyn permite que dispositivos inteligentes compatíveis e próximos reconheçam uns aos outros, se comuniquem e compartilhem dados entre marcas, redes e sistemas operacionais. Inicialmente desenvolvido pela Qualcomm Innovation Center, Inc., o AllJoyn é agora um projeto de código aberto da AllSeen Alliance, fornecendo uma linguagem central comum para dar suporte à Internet das Coisas e capacitando desenvolvedores e fabricantes com as ferramentas e tecnologias necessárias para a inovação de IoT com visão de futuro.

Características principais:
- Motor potente que permite experiências P2P
- Conectividade de pares proximal
- Reduzir o tempo, o esforço e o custo de adicionar capacidades P2P às aplicações
- Suporta uma variedade de sistemas operativos
- Optimizado para telemóvel
- Alto desempenho; baixa latência

InterDigital

Desenvolvendo tecnologias fundamentais para as comunicações M2M e facilitando uma estrutura e um roteiro comuns para operadores de telemóveis, fornecedores de serviços e fabricantes de dispositivos, a InterDigtial está centrada numa camada de serviço e numa API normalizadas. Ambas são independentes, sensíveis à rede e às aplicações, permitindo que os fabricantes e os programadores aproveitem plenamente o potencial das comunicações M2M. A InterDigital tem contribuído para o processo de padronização de IoT desde 2009, criando protótipos pioneiros e demonstrações para apoiar o padrão global emergente oneM2M.

Características principais:
- Adaptável à norma global emergente oneM2M
- Agnóstico em relação à rede
- Elimina a dependência de soluções tecnológicas proprietárias
- Permite o desenvolvimento de aplicações M2M e IoT em todos os sectores verticais
- SDK configurável e fácil de utilizar
- Redução significativa de CAPEX e OPEX; reutilização de pacotes de serviços
- Plataforma normalizada de prestação de serviços (SDP)
- Minimiza o tráfego M2M/IoT na rede principal
- Conjunto de APIs comuns para serviços M2M e IoT escaláveis/horizontais
- Integrar várias aplicações e gerir ecossistemas completos

Academia da Internet das Coisas (IoTA) da Superflux

O laboratório de design e investigação Superflux está a trabalhar num projeto em curso encomendado pela Sony para experimentar a construção da IoTA, uma plataforma aberta e educativa da Internet das coisas para incentivar a inovação e a criatividade e melhorar a literacia tecnológica. Faz parte do projeto Futurescapes da Sony, em colaboração com o Forum for the Future, que começou por ser uma proposta de conceito que evoluiu agora para a investigação do desenvolvimento efetivo do modelo proposto. Um filme documenta a experiência até à data, realizada em conjunto com o Forum for the Future e a Technology Will Save Us. O projeto está atualmente em conversações com potenciais parceiros com o objetivo de desenvolver protótipos de experiências.

Características principais:
- Atualmente em fase de investigação

- Projeto-piloto na Oasis Academy em Manchester
- Objectivos:
  - o Equilibrar a acessibilidade com a complexidade para incentivar uma utilização alargada
  - o Adaptável para crescer com grandes quantidades de conteúdos gerados pelos utilizadores
  - o Bem relacionado com redes e empresas fora da Academia
- Fase seguinte de conceção dedicada e prototipagem da experiência

HarvestGeek

O HarvestGeek é um excelente exemplo de uma aplicação inovadora de loT em uso no mundo real. O HarvestGeek permite uma agricultura sustentável com tecnologia inteligente que incorpora sensores em jardins e culturas, fornecendo dados essenciais sobre temperatura, luz, humidade e outras condições que afectam o crescimento das plantas. Os dados podem ser utilizados para desencadear acções automatizadas, o que significa que os utilizadores podem controlar o equipamento para retificar as condições ambientais e maximizar o rendimento.

Características principais:
- Monitorizar as condições à distância e em tempo real
- Detetar e retificar problemas
- Dados de registo para revisão e análise detalhadas
- Criar alertas personalizados
- Automatizar as operações da estufa
- Plataforma de código aberto

Laboratórios MediaTek

O MediaTek Labs é um ecossistema centrado no programador que apoia a criação de dispositivos, o desenvolvimento de aplicações e os serviços relacionados com outros produtos e serviços da MediaTek. Fornecedor de soluções SoC (system-on-chip), o MediaTek Labs é um centro para todas as ofertas da MediaTek para programadores e criadores, incluindo SDKs, HDKs, documentação técnica e suporte. Recentemente, a empresa introduziu o MediaTek Linklt, uma plataforma que permite o desenvolvimento de dispositivos portáteis e aplicações loT.

Características principais:
- MediaTek Aster, o SoC mais pequeno para dispositivos portáteis
- Desenhos de referência para vários factores de forma, funcionalidades e serviços ligados
- Modularidade da arquitetura de software
- SDKs de plug-in para Arduino e VisualStudio
- Suporta actualizações over-the-air para aplicações, algoritmos e controladores

Streamlite LTE

A linha de produtos da Sequan para o mercado de dispositivos conectados, Streamlite LTE, fornece funcionalidade e rendimento para capacitar dispositivos loT económicos. A plataforma Colibri LTE é a principal oferta da Streamlite LTE, fornecendo um conjunto ideal de recursos compatíveis com loT para soluções económicas e de alta eficiência. Adequada para adicionar conetividade a módulos M2M e IoT, a Colibri LTE fornece um pacote de software abrangente para gestão de dispositivos over-the-air.

Características principais:

- Rendimento até à categoria 4
- Tecnologia de cancelamento de interferências Sequans AIR
- Ambientes de anfitrião Android, ChromeOS, Linux, Windows, MAC OS
- CPU de rede e de aplicações melhorada e integrada
- Pilha de protocolos LTE comprovada pelas operadoras
- Adequado para a conceção de tablets, CPE, routers móveis, PCs, gateways residenciais e muito mais

Conjunto de inovações de software da Bosch

O Bosch Software Innovations Suite é modular para uma flexibilidade avançada, permitindo a gestão de dispositivos, a gestão de processos empresariais e a gestão de regras empresariais para a IoT. Integra-se perfeitamente com as infra-estruturas de TI existentes para uma conetividade simplificada e uma análise de dados melhorada. A Bosch Software Innovations Suite está a impulsionar a IoT, ligando os quatro elementos-chave do ecossistema: Pessoas (Utilizadores), Coisas, Empresas e Parceiros.

Características principais:

- Sistema modular
- Integração rápida e fácil com sistemas de TI
- Gestão de processos, regras e dispositivos
- Tecnologia comprovada
- Melhorar os projectos existentes
- Iniciar novos modelos de negócio
- Implementado em mais de 600 projectos internacionais

RIoTboard

A RIoTboard está a revolucionar a Internet das Coisas com a sua plataforma de código aberto que serve aplicações exigentes que requerem elevados níveis de capacidade de processamento. É uma placa de código aberto com esquemas detalhados que podem ser descarregados para utilização em qualquer projeto, e oferece uma distribuição do sistema operativo Android para aplicações que requerem experiências em tablet ou telemóvel, bem como uma descarga Linux.

Características principais:

- Periféricos, capacidade de expansão e potência do processador
- Processador de aplicações Freescale i.MX 6S0I0
- Arquitetura ARM Cortex-A9
- Capacidades sofisticadas de processamento de gráficos e vídeo
- Integração da MCU Kinetis MCU (K20) da Freescale
- Variedade de interfaces e opções de conetividade

aplicações de loT para um mundo mais inteligente

CIDADES INTELIGENTES

Estacionamento inteligente
Monitorização da disponibilidade de lugares de estacionamento na cidade.

Saúde estrutural
Monitorização das vibrações e do estado dos materiais em edifícios, pontes e monumentos históricos.

Mapas urbanos de ruído
Monitorização do som nas zonas de bar e nas zonas centrais em tempo real.

Deteção de smartphones
Detetar dispositivos iPhone e Android e, em geral, qualquer dispositivo que funcione com interfaces WiFi ou Bluetooth.

Níveis de Campo Eletromagnético
Medição da energia irradiada por estações celulares e routers WiFi.

Congestionamento do tráfego
Monitorização dos níveis de veículos e de peões para otimizar os percursos de condução e de deslocação.

Iluminação inteligente
Iluminação inteligente e adaptável às condições climatéricas nos candeeiros de rua.

Gestão de resíduos
Deteção dos níveis de lixo nos contentores para otimizar as rotas de recolha de lixo.

Estradas inteligentes
Auto-estradas inteligentes com mensagens de aviso e desvios em função das condições climáticas e de acontecimentos inesperados, como acidentes ou engarrafamentos.

AMBIENTE INTELIGENTE

Deteção de incêndios florestais
Monitorização dos gases de combustão e das condições de incêndio preventivas para definir zonas de alerta.

Poluição atmosférica
Controlo das emissões de CO_2 das fábricas, da poluição emitida pelos automóveis e dos gases tóxicos gerados nas explorações agrícolas.

Monitorização do nível de neve
Medição do nível da neve para conhecer em tempo real a qualidade das pistas de esqui e permitir a prevenção de avalanches dos corpos de segurança.

Prevenção de deslizamentos de terras e avalanches
Monitorização da humidade do solo, das vibrações e da densidade da terra para detetar padrões perigosos nas condições do terreno.

Deteção precoce de terramotos
Controlo distribuído em locais específicos de tremores.

ÁGUA INTELIGENTE

Controlo da água potável

Controlar a qualidade da água da torneira nas cidades.

Deteção de fugas de produtos químicos nos rios

Detetar fugas e resíduos de fábricas nos rios.

Medição remota de piscinas

Controlo à distância das condições da piscina.

Níveis de poluição no mar

Controlar em tempo real as fugas e os resíduos no mar.

Fugas de água

Deteção da presença de líquidos no exterior dos reservatórios e das variações de pressão nas condutas.

Cheias de rios

Monitorização das variações do nível da água em rios, barragens e albufeiras.

MEDIÇÃO INTELIGENTE

Rede inteligente

Monitorização e gestão do consumo de energia.

Nível do depósito

Monitorização dos níveis de água, óleo e gás em tanques de armazenamento e cisternas.

Instalações fotovoltaicas

Monitorização e otimização do desempenho em centrais de energia solar.

Fluxo de água

Medição da pressão da água em sistemas de transporte de água.

Cálculo do stock de silos

Medição do nível de vazio e do peso das mercadorias.

SEGURANÇA E EMERGÊNCIAS

Controlo de acesso ao perímetro

Controlo de acesso a áreas restritas e deteção de pessoas em áreas não autorizadas.

Presença líquida

Deteção de líquidos em centros de dados, armazéns e terrenos de edifícios sensíveis para evitar avarias e corrosão.

Níveis de radiação

Medição distribuída dos níveis de radiação em centrais nucleares envolventes para gerar alertas de fugas.

Gases explosivos e perigosos

Deteção de níveis de gás e de fugas em ambientes industriais, nas imediações de fábricas de produtos químicos e no interior de minas.

VAREJO

Controlo da cadeia de abastecimento

Monitorização das condições de armazenamento ao longo da cadeia de abastecimento e rastreio dos produtos para efeitos de rastreabilidade.

Pagamento NFC

Processamento de pagamentos com base na localização ou na duração da atividade para transportes públicos, ginásios, parques temáticos, etc.

Aplicações de compras inteligentes

Obter avisos no ponto de venda de acordo com os hábitos, preferências, presença de componentes alérgicos para o cliente ou datas de validade.

Gestão inteligente de produtos

Controlo da rotação dos produtos nas prateleiras e nos armazéns para automatizar os processos de reabastecimento.

LOGÍSTICA

Qualidade das condições de expedição

Monitorização das vibrações, dos golpes, das aberturas de contentores ou da manutenção da cadeia de frio para efeitos de seguro.

Localização do item

Pesquisa de objectos individuais em grandes superfícies, como armazéns ou portos.

Deteção de incompatibilidade de armazenamento

Emissão de aviso nos contentores que armazenam mercadorias inflamáveis fechados a outros que contêm matérias explosivas.

Seguimento de frotas

Controlo dos itinerários seguidos para mercadorias delicadas, como medicamentos, jóias ou mercadorias perigosas.

CONTROLO INDUSTRIAL

Aplicações M2M

Diagnóstico automático da máquina e controlo dos activos.

Qualidade do ar interior

Monitorização dos níveis de gases tóxicos e de oxigénio nas fábricas de produtos químicos para garantir a segurança dos trabalhadores e das mercadorias.

Monitorização da temperatura

Controlo da temperatura no interior de frigoríficos industriais e médicos com mercadorias sensíveis.

Presença de ozono

Monitorização dos níveis de ozono durante o processo de secagem da carne em fábricas alimentares.

Localização no interior

Localização interior de activos através da utilização de etiquetas activas (ZigBee) e passivas (RFID/NFC).

Auto-diagnóstico de veículos

Recolha de informações do CanBus para enviar alarmes em tempo real em caso de emergência ou dar conselhos aos condutores.

AGRICULTURA INTELIGENTE
Melhoramento da qualidade do vinho
Monitorização da humidade do solo e do diâmetro do tronco nas vinhas para controlar a quantidade de açúcar nas uvas e a saúde da videira.
Casas verdes
Controlar as condições microclimáticas para maximizar a produção de frutas e legumes e a sua qualidade.
Campos de golfe
Irrigação selectiva em zonas secas para reduzir os recursos hídricos necessários no verde.
Rede de Estações Meteorológicas
Estudo das condições meteorológicas nos campos para prever a formação de gelo, chuva, seca, neve ou mudanças de vento.
Composto
Controlo dos níveis de humidade e de temperatura na luzerna, no feno, na palha, etc., para evitar fungos e outros contaminantes microbianos.

CRIAÇÃO INTELIGENTE DE ANIMAIS
Hidroponia
Controlar as condições exactas das plantas cultivadas em água para obter as colheitas mais eficientes.
Cuidados com a descendência
Controlo das condições de crescimento das crias nas explorações animais para garantir a sua sobrevivência e saúde.
Seguimento de animais
Localização e identificação de animais a pastar em pastagens abertas ou em grandes estábulos.
Níveis de gases tóxicos
Estudo da ventilação e da qualidade do ar nas explorações agrícolas e deteção de gases nocivos nos excrementos.

AUTOMAÇÃO DOMÉSTICA E RESIDENCIAL
Utilização de energia e água
Monitorização do consumo de energia e de água para obter conselhos sobre a forma de poupar custos e recursos.
Aparelhos de controlo remoto
Ligar e desligar aparelhos à distância para evitar acidentes e poupar energia.
Sistemas de deteção de intrusão
Deteção de aberturas e violações de janelas e portas para evitar intrusos.
Preservação de arte e bens
Monitorização das condições no interior de museus e armazéns de arte.

SAÚDE
Deteção de quedas
Assistência a pessoas idosas ou deficientes que vivem de forma autónoma.

Frigoríficos médicos

Controlo das condições no interior dos congeladores que armazenam vacinas, medicamentos e elementos orgânicos.

Cuidados dos desportistas

Monitorização de sinais vitais em centros e campos de alto rendimento.

Vigilância dos doentes

Controlo das condições dos doentes nos hospitais e nos lares de idosos.

Radiação ultravioleta

Medição dos raios solares UV para alertar as pessoas para não se exporem em determinadas horas.

CAPÍTULO 8
vantagens e desvantagens do IoT

Vantagens

1. **Dados:** Quanto maior for a informação, mais fácil será tomar a decisão correcta. Saber o que comprar na mercearia enquanto está fora, sem ter de verificar por si próprio, não só poupa tempo como também é conveniente.

2. **Controlo:** Os computadores mantêm um registo da qualidade e da viabilidade dos produtos em casa. Saber o prazo de validade dos produtos antes de os consumir aumenta a segurança e a qualidade de vida. Além disso, nunca ficará sem nada quando precisar de o fazer no último momento.

3. **Tempo:** A quantidade de tempo poupada no controlo e o número de viagens feitas de outra forma seriam tremendos.

4. **O dinheiro:** O aspeto financeiro é a melhor vantagem. Esta tecnologia pode substituir os seres humanos que são responsáveis pelo controlo e manutenção dos abastecimentos.

5. A rede IoT beneficia não só um, mas todos, ou seja, os indivíduos, a sociedade, as partes interessadas das empresas, etc., devido ao facto de a rede IoT poupar tempo e dinheiro. Os sistemas IoT fornecem dados mais rápidos e precisos com uma utilização mínima de energia. Isto melhora a qualidade de vida.

6. É utilizado para **monitorizar o doente,** ou seja, são instalados vários tipos de sensores sem fios no corpo do doente que comunicam com a rede IoT e fornecem todas as informações necessárias sobre o doente em tratamento.

7. O conceito IoT é utilizado em dispositivos **de segurança doméstica** que são monitorizados e controlados local ou remotamente através de aplicações fáceis de utilizar disponíveis em telemóveis ou smartphones. Os dispositivos IoT típicos são os alarmes de segurança, as câmaras, os sensores, as fechaduras de portas, etc., utilizados no ambiente de domótica.

8. A IoT é utilizada no rastreio de bens e indivíduos, no controlo de inventário, na conservação de energia, no transporte, etc.

9. É semelhante à M2M, mas tem aplicações que vão para além da M2M. A M2M é utilizada apenas para a comunicação máquina a máquina. Na IoT, as coisas comunicam-se com o seu proprietário indicando a sua localização e condições.

Desvantagens

1. **Compatibilidade:** Atualmente, não existe uma norma para a etiquetagem e monitorização com sensores. É necessário um conceito uniforme como o USB ou o Bluetooth, o que não deve ser muito difícil de fazer.

2. **Complexidade:** Existem várias oportunidades de falha em sistemas complexos. Por exemplo, tanto o utilizador como o seu cônjuge podem receber mensagens de que o leite acabou e ambos podem acabar por comprar o mesmo. Isso deixa-o com o dobro da quantidade necessária. Ou há um erro de software que faz com que a impressora peça tinta várias vezes quando precisa de um único cartucho.

3. **Privacidade/Segurança:** A privacidade é um grande problema com a IoT. Todos os dados têm de ser encriptados para que os dados sobre a sua situação financeira ou a quantidade de

leite que consome não sejam do conhecimento geral no local de trabalho ou dos seus amigos.

4. **Segurança:** Existe a possibilidade de o software ser pirateado e de as suas informações pessoais serem utilizadas indevidamente. As possibilidades são infinitas. A alteração da sua receita médica ou a pirataria dos dados da sua conta podem colocá-lo em risco. Por conseguinte, todos os riscos de segurança passam a ser da responsabilidade do consumidor.

5. Dado que a loT é gerida e gerida por múltiplas tecnologias, estão envolvidos nela múltiplos fornecedores. Devido a este facto, a privacidade é uma preocupação. Os algoritmos de segurança e certas precauções por parte dos utilizadores ajudarão a evitar quaisquer ameaças à segurança na rede loT.

6. A aplicação da loT conduz à perda de postos de trabalho para os trabalhadores não qualificados que não estão a par das últimas tendências no domínio do hardware e do software. Isto pode acontecer em postos de trabalho relacionados com o controlo de inventário e com máquinas automatizadas, como as máquinas ATM e as máquinas de check-in e check-out.

7. A loT é constituída por múltiplas tecnologias cujas arquitecturas são diferentes umas das outras. Este facto torna a rede loT um sistema muito complexo. Devido a este facto, uma falha na rede loT pode levar a um maior tempo para o restabelecimento do serviço aos consumidores. Isto pode exigir trabalhadores qualificados que necessitam de conhecimentos de múltiplas tecnologias. Por conseguinte, o fornecedor de serviços loT deve pagar um montante elevado para contratar e manter esses trabalhadores.

8. Como há vários fornecedores de dispositivos envolvidos na rede loT, é necessário efetuar testes de interoperabilidade antes de lançar o sistema loT para utilização. Isto implicará custos para os fabricantes de dispositivos loT e para os fornecedores de serviços de rede.

9. Levará algum tempo até que o sistema loT se torne completamente estável, uma vez que estão a ser integradas no sistema novas e futuras normas. Uma arquitetura loT comum ajudará neste aspeto.

CAPÍTULO 9
RECURSOS ÚTEIS PARA PROFISSIONAIS DA IOT

1. Alasdair Allas: Workshops sobre Sensores

Allas oferece a sua masterclass sobre sensores iOS e hardware externo. Este é um dos nossos workshops favoritos sobre sensores. Se for bem feito, será capaz de criar aplicações básicas de localização para as plataformas iOS. Utilizará sensores integrados: o acelerómetro de 3 eixos, o magnetómetro, o giroscópio, a câmara e o GPS. Allas também é autor de um livro intitulado Learning iOS Programming. Qualquer pessoa que pretenda entrar em aplicações loT baseadas em iOS pode participar nos próximos workshops em Londres, São Francisco e Nova Iorque.

2. Lynda: loT com Android

Quem estiver interessado em desenvolver aplicações loT baseadas em Android pode consultar o curso de Michael Lehman no Lynda. Você saberá como usar o IFTTT para programar coisas, criando suas próprias coisas com hardware programável e como conectar entradas e saídas. Michael oferece cursos de loT tanto para Android quanto para iOS, ele já fez parte dos grupos Patterns & Practices e Developer/Platform Evangelism da Microsoft e agora dirige sua empresa de consultoria DreamTimeStudioZ, LLC, sediada em Seattle.

3. Lynda: loT com iOS

O curso Lynda sobre loT ensina aos programadores como programar a internet das coisas com iOS. Você vai conhecer todas as coisas sem fio e redes de comunicação que podem ser usadas em projetos loT.

4. Microsoft: Desenvolvimento multiplataforma em loT

Este curso do Microsoft Channel 9 permite que os participantes vejam como é fácil criar soluções utilizando o Windows loT "Athens" em dispositivos móveis e industriais.

5. Microsoft: aplicações móveis loT

Este curso na Microsoft Virtual Academy aprofunda-se no 'como fazer' da construção de aplicações móveis loT. O curso tem 50 minutos de tutorial em vídeo e também aborda o problema de escalabilidade frequentemente relatado em aplicativos móveis loT.

6. Rockwell Automation: Ethernet industrial

Essentials of Industrial Ethernet Networks for an OT Professional pela Rockwell Automation. Este é um curso de 2 dias, e um pré-requisito para participar do curso é a sua capacidade de executar tarefas básicas do sistema operacional Windows®. Os formandos farão exercícios práticos de loT numa estação de trabalho EtherNet/IP™ e/ou utilizarão uma variedade de ferramentas de software. O curso destina-se a profissionais de OT (tecnologia de operações), mas com loT, nunca é má ideia saber muitas coisas, desde os dispositivos até à camada de integração, serviços e dashboard.

7. Telecoms Academy: Dispositivos ligados

Este é um curso de 2 dias um pouco caro (Early Bird - £1035 Sep 29-30, 2015) sobre tecnologias de rede para aplicação em projectos loT. O curso também visa educar os participantes para a aplicação de técnicas eficazes para utilizar agentes na criação de projectos loT.

8. .NFC: Certificação para produtos loT

O fórum NFC oferece uma certificação para produtos de comunicação de campo próximo utilizados nos projectos loT. O curso destaca as especificações que devem ser implementadas por um dispositivo para ser elegível para receber a Marca de Certificação do Fórum NFC.

9. Gráfico ARC: Tecnologias de rádio para loT

O curso de dois dias da ARC Chart ensinar-lhe-á algumas coisas nerds sobre espetro de rádio, atribuições de loT, bandas ISM e técnicas de rádio cognitivo. Aprenderá algumas técnicas de meshing e novas redes que surgiram, como Sigfox, LoRA, Weightless. O curso é dirigido a um vasto leque de técnicos e empresários. Mais uma vez, é em Londres (e custa cerca de £945 por dois dias de curso.

10. Formação em Big Data: Experfy

Com alguma experiência em programação e resolução de problemas estatísticos, este curso da Experfy gira em torno de Redes Neurais, Design de Sistemas de Aprendizagem de Máquinas, Deteção de Anomalias em Clustering e design de sistemas de recomendação. Este curso está disponível apenas para treinamento corporativo no local, em dias e locais convenientes para sua equipe. Como o Big Data se torna uma parte inevitável dos grandes projetos de loT, é bom ter um bom controle sobre o Hadoop e outras tecnologias de big data.

11. RapidStart: Especialista certificado em loT

A RapidStart, sediada em Singapura, oferece esta certificação de especialista em loT com 40 horas de curso ao longo de 5 dias. O ponto positivo deste curso é que ele também inclui módulos de Big Data.

12. Noble Prog: loT para Executivos

Qualquer pessoa que seja nova no domínio da loT e se sinta inadequada no domínio da eletrónica e dos dispositivos de loT deve consultar este recurso. O curso da Noble Prog sobre loT cobre uma boa parte do material eletrónico envolvido em projectos típicos de loT. De longe, é um dos cursos de loT mais abrangentes da web. Informe-nos se um curso supera este em detalhes para cada camada em um

solução típica de loT

13. Rockwell Automation: LoT industrial

O nome RockwelTs tornou-se sinónimo de alguns bons projectos de loT adoptados precocemente. Este curso destina-se a profissionais de TI com conhecimentos limitados de automação industrial e controlo em redes IP (Internet Protocol) utilizadas em ambientes industriais. Um bom curso para quem realmente deseja estabelecer-se no espaço empresarial de loT.

14. Blackhat USA: Segurança de TI

Se você é alguém que continua temendo questões de segurança de dispositivos e soluções loT, este é um evento obrigatório da Blackhat USA. Embora o evento tenha sido agendado para julho deste ano, você ainda pode se apossar de seus procedimentos e apresentações. O evento cobriu extensivamente questões como depuração de hardware e software, vulnerabilidades baseadas na web e em dispositivos móveis, identificação de superfícies de ataque e fuzzers brancos e como contornar a mitigação de segurança. O evento tudo-em-um nerd-nifty relacionado com segurança e privacidade para profissionais de loT e M2M.

15. Tonex: Formação em Internet das Coisas

A Tonex (fornecedor de cursos de formação em tecnologia e gestão), sediada no Texas, oferece formação em loT por uma soma colossal de \$1999,00. O curso abrange as quatro camadas de uma solução loT (conetividade, integração, serviços e visualização), em especial os métodos e tecnologias de conetividade têm uma quota-parte justa neste curso (wireless 101, RF 101, ZigBee, RFID, Bluetooth LE ou Bluetooth Smart Technology, IEEE 802.15.4, IEEE 802.15.4e, 802.1 lah). Tendo em conta o preço deste curso de formação, só quem participou na sessão pode opinar se vale a pena gastar o montante (por favor, comentem se alguém souber se a Tonex ministra bem esta formação).

16. Cisco: Especialista em redes industriais

A Cisco está para as redes como a Apple está para os smartphones. Os cursos de redes industriais da Cisco podem torná-lo versado nas camadas OSI das redes IP, bem como em dispositivos de rede, como routers e switches, e abordagens de cablagem; dispositivos industriais específicos, como accionamentos, PLCs, sensores e equipamento de subestações; normas e modelos industriais relevantes, como TIA, o modelo Purdue e normas ambientais; e vários protocolos de segurança importantes numa zona industrial (Cisco). Os três cursos especificamente concebidos em torno da Internet industrial e das redes podem torná-lo um ninga das redes.

17. Soluções para prémios: O mundo da loT

O fornecedor de formação e serviços sediado no Texas, Award Solutions, oferece cursos orientados por instrutores sobre IP e Internet, lote e Big Data e segurança de ambientes loT, bem como aplicações específicas de loT no mundo empresarial.

CAPÍTULO 10
testar abordagens ao IoT

Abordagens de teste IoT

1) Usabilidade:

- Temos de nos certificar da facilidade de utilização de cada um dos dispositivos aqui utilizados.
  - O dispositivo de rastreio de cuidados de saúde utilizado deve ser suficientemente portátil para poder ser deslocado para diferentes segmentos do sector médico.
  - O equipamento deve ser suficientemente inteligente para enviar não só as notificações, mas também as mensagens de erro, os avisos, etc.
  - O sistema deve ter a opção de registar todos os eventos para esclarecer os utilizadores finais. Se não for capaz de o fazer, o sistema deve enviá-los também para uma base de dados para os armazenar.
  - As notificações devem ser mostradas e o manuseamento do ecrã deve ser feito corretamente nos dispositivos.
  - A facilidade de utilização em termos de visualização de dados, processamento de dados e execução de tarefas a partir dos dispositivos deve ser testada exaustivamente.

2) Segurança IoT:

- Desafios de segurança da IoT: a IoT está centrada nos dados, pelo que todos os dispositivos/sistemas ligados funcionam com base nos dados disponíveis.
- Quando se trata do fluxo de dados entre dispositivos, existe sempre a possibilidade de os dados serem acedidos ou lidos durante a transferência.
- Do ponto de vista dos testes, temos de verificar se os dados estão protegidos/encriptados quando são transferidos de um dispositivo para outro.
- Onde quer que exista uma IU, temos de nos certificar de que existe uma proteção por palavra-passe.

3) Conectividade:

- Uma vez que se trata de uma solução de cuidados de saúde, a conetividade desempenha um papel vital.
  - O sistema tem de estar sempre disponível e deve ter uma conetividade sem falhas com as partes interessadas.
  - No que respeita à conetividade, é muito importante testar dois aspectos;
  - o A conetividade, a transferência de dados e a receção de tarefas dos dispositivos devem ser contínuas quando a ligação está ativa e a funcionar.
  - o A outra condição é o cenário de falha de ligação. Independentemente da robustez do sistema e da rede, há hipóteses de o sistema ficar offline. Sendo um testador, devemos testar também as condições de inatividade. Quando o sistema não está disponível na rede, tem de haver um alerta que possa avisar os médicos para que possam começar a monitorizar as condições de saúde manualmente, sem depender do sistema até que este volte a funcionar. Por outro lado, tem de haver um mecanismo no sistema que possa armazenar todos os dados durante o período de inatividade. Quando o sistema estiver em linha, todos esses dados devem ser propagados. A perda de dados não deve ocorrer

em nenhuma circunstância.

4) Desempenho:

- Quando estamos a falar de um sistema para um domínio de cuidados de saúde, temos de nos certificar de que o sistema é suficientemente escalável para todo o hospital.
- Quando o teste é efectuado, é feito para 2-10 doentes de cada vez e os dados são propagados para 10-20 dispositivos.
- Quando todo o hospital está ligado e 180-200 doentes estão ligados ao sistema, os dados que são propagados são muito maiores do que os dados testados.
- Como testadores, temos de garantir que o sistema tem o mesmo desempenho, mesmo que os dados adicionados sejam propagados.
- Devemos também testar o utilitário de monitorização para mostrar a utilização do sistema, o consumo de energia, a temperatura, etc.

5) Teste de compatibilidade:

- Tendo em conta a arquitetura complexa de um sistema loT, os testes de compatibilidade são obrigatórios.
- Para testar a compatibilidade da loT, é necessário testar elementos como várias versões de sistemas operativos, tipos de browsers e respectivas versões, gerações de dispositivos, modos de comunicação **[por exemplo,** Bluetooth 2.0, 3.0].

6) Testes-piloto:

- No que diz respeito à loT, os testes-piloto são obrigatórios.
- Só os testes em laboratório garantem que o produto/sistema funciona corretamente. No entanto, isto pode ter um efeito negativo quando exposto a condições/etapas/cenários em tempo real.
- Durante o teste-piloto, o sistema é exposto a um número limitado de utilizadores no terreno real. Estes utilizam a aplicação e dão feedback sobre o sistema.
- Estes comentários são úteis para tornar a aplicação suficientemente robusta para a implementação na produção.

7) Ensaios regulamentares:

- Sendo este um sistema de saúde, tem de passar por vários pontos de controlo de regulamentação/conformidade.
- Pense num cenário em que o produto passa por todas as etapas de ensaio, mas falha na lista de verificação de conformidade final [ensaio efectuado pelo organismo regulador].
- É uma prática melhor obter os requisitos regulamentares no início do próprio ciclo de desenvolvimento. Os mesmos devem fazer parte da lista de verificação dos testes.
- Ao fazê-lo, certificamo-nos de que o produto também está certificado para a lista de verificação regulamentar.

8) Testes de atualização:

- A loT é uma combinação de múltiplos protocolos, dispositivos, sistemas operativos, firmware, hardware, camadas de rede, etc.
- Quando se procede a uma atualização, seja do sistema ou de qualquer um dos elementos envolvidos acima referidos, devem ser realizados testes de regressão

exaustivos/adaptada uma estratégia para ultrapassar os problemas relacionados com a atualização.

Desafios dos testes de loT

Os desafios que um testador enfrenta em loT são os seguintes:

1) Malha hardware-software

A loT é uma arquitetura estreitamente ligada entre vários componentes de hardware e software. Não são apenas as aplicações de software que fazem o sistema, mas também o hardware, os sensores, as portas de comunicação, etc., desempenham um papel vital.

Apenas o teste de funcionalidade não ajuda a certificar completamente o sistema. Há sempre uma dependência entre si em termos de ambiente, transferência de dados, etc. Assim, torna-se um trabalho fastidioso em comparação com o teste de um sistema genérico [apenas componentes de software/hardware].

2) Módulo de interação de dispositivos

Uma vez que se trata de uma arquitetura entre diferentes conjuntos de hardware e software, torna-se obrigatório que estes se comuniquem entre si em tempo real ou quase real. Quando ambos se integram entre si, aspectos como a segurança, a compatibilidade com versões anteriores e as questões de atualização tornam-se um desafio para a equipa de testes.

3) Teste de dados em tempo real

Como já referimos anteriormente que é obrigatório efetuar um ensaio-piloto/ensaio regulamentar para um sistema deste tipo, torna-se também muito difícil obter esses dados.

Estar na equipa de testes, obter pontos de controlo regulamentares ou conseguir que o sistema seja implementado no piloto é muito difícil. O passo torna-se ainda mais difícil se o sistema estiver relacionado com os cuidados de saúde, como no nosso exemplo. Por isso, este continua a ser um grande desafio para a equipa de testes.

4) IU

A loT está espalhada por dispositivos pertencentes a todas as plataformas [iOS, Android, Windows, linux]. Agora, é possível testar isso nos dispositivos, mas testá-lo em todos os dispositivos possíveis é quase impossível.

Não podemos omitir a possibilidade de a IU ser acedida a partir de um dispositivo que não possuímos ou simulamos. Este é um desafio difícil de ultrapassar.

5) Disponibilidade da rede

A ligação à rede desempenha um papel vital, uma vez que a loT tem a ver com o facto de os dados serem sempre comunicados a velocidades mais rápidas. A arquitetura loT tem de ser testada em todos os tipos de conetividade/velocidades de rede.

Para o testar, são utilizados principalmente simuladores de rede virtual para variar a carga da rede, a conetividade, a estabilidade, etc. No entanto, os dados/rede em tempo real são sempre um cenário novo e a equipa de testes não sabe onde se desenvolverá o estrangulamento a longo prazo.

Ferramentas de teste de loT

Existem várias ferramentas que são utilizadas para testar os sistemas loT.

Podem ser classificadas com base no objetivo e são apresentadas a seguir:
1) **Software:**
   1. <u>**Wireshark**</u>**:** Esta é uma aplicação de código aberto utilizada para monitorizar o tráfego na interface, endereços de anfitrião de origem/destino, etc.
   2. <u>**Tcpdump**</u>**:** Este faz um trabalho semelhante ao do Wireshark, exceto que não tem uma GUI. É um utilitário baseado em linha de comando que ajuda o utilizador a mostrar o TCP/IP e outros pacotes que são transmitidos ou recebidos através de uma rede.
2) **Hardware:**
   1. **Dongle JTAG:** É semelhante a um depurador nas aplicações para PC. Ajuda a depurar o código da plataforma de destino e mostra as variáveis passo a passo.
   2. <u>**Osciloscópio de armazenamento digital**</u>**:** É utilizado para verificar vários eventos com marcas temporais, falhas na alimentação eléctrica, verificação da integridade do sinal.
   3. <u>**Rádio definido por software**</u>**:** É utilizado para emular o recetor e o transmissor para uma vasta gama de gateways sem fios.

Para o mundo em desenvolvimento que nos rodeia, a IoT é um mercado em crescimento e tem muitas oportunidades. Não está longe o momento em que a IoT se tornará essencial para os testadores sobreviverem no mundo do desenvolvimento.

O gadget habilitado para IoT, a aplicação do dispositivo inteligente e o módulo de comunicação desempenham um papel vital no estudo e na avaliação do desempenho e do comportamento de vários serviços IoT.

Uma conceção deficiente dos dispositivos e serviços com capacidade para a IoT pode dificultar o funcionamento correto da aplicação e, por sua vez, afetar negativamente a experiência do utilizador final.

CAPÍTULO 11
papéis de um profissional do comércio

Gestor de produtos loT

Este é o profissional que se concentra na parte de execução do projeto. O seu papel abrange o envolvimento desde o desenvolvimento ao marketing e às várias vias para o mercado. Faz parceria com as equipas de desenvolvimento para tratar dos requisitos e das implementações.

Arquiteto loT

O papel principal de um arquiteto é converter ideias em design e design em código funcional. Pode não ser o verdadeiro programador, mas é a pessoa que pega num requisito e o transforma num plano de solução ou paisagem. Mapeia as necessidades do negócio para os requisitos técnicos e do sistema.

Programador loT

Este é o profissional prático que vai até ao básico e cria o código real.

Cientistas de dados industriais

A Internet das coisas gera uma enorme quantidade de dados e, onde quer que se encontrem dados, há necessidade de os analisar. Isto está a criar um género completamente novo de cientistas de dados que são especialistas em trabalhar com dados de sensores. Trata-se de profissionais bem versados em ciência de dados e especificamente bem versados na aplicação de análises a dados de sensores e, eventualmente, à Internet das coisas.

Coordenador de robôs

A responsabilidade do coordenador de robôs será supervisionar os robôs no chão de fábrica e combater quaisquer avarias ou erros de cálculo. Este profissional executa tarefas repetitivas e de recuperação de avarias.

Engenheiro industrial

Enquanto o programador de loT se debruça sobre a parte de software da pilha de loT, o engenheiro industrial ocupa-se da parte de hardware da Internet das Coisas. O hardware é o componente mais importante da pilha da Internet das Coisas. O engenheiro industrial programa robôs e dispositivos inteligentes.

Designer industrial UI/UX

O topo da pilha de loT é constituído por painéis de controlo ou ecrãs visuais que os utilizadores finais observam. Trata-se de interfaces que são utilizadas para controlar os sensores ou para examinar os dados que deles emanam.

O designer UI/UX faz parte integrante do ecossistema de profissionais de loT, que recebem os requisitos do painel de controlo final e procedem à sua conceção.

Diretor da Internet das Coisas (CIoTO)

Ainda não vimos este cargo ser criado, mas é imperativo que as empresas de alguns sectores-chave considerem inevitável ter um cargo de nível C dedicado exclusivamente à loT.

Programador Fuller Stack

A loT leva os programadores a irem além da pilha completa. Dada a natureza complexa dos vários componentes que integram a pilha completa de loT, o programador do futuro terá de ir além do software e incorporar também a programação de hardware nas suas competências.

Engenheiro de redes industriais

Esta função requer engenheiros criativos e talentosos com experiência no desenvolvimento de produtos de rede de alta qualidade dentro do prazo. Mais uma vez, a ligação em rede é uma componente importante da IoT e precisamos de engenheiros de rede separados que, ao longo do tempo, tenham adquirido experiência no desenvolvimento de capacidades de ligação em rede para dispositivos IoT.

APÊNDICE
ESTACIONAMENTO INTELIGENTE

Introdução

A Internet das Coisas está a começar a proliferar a cultura de muitas formas. Para aqueles que não estão cientes disso, basta uma viagem a um centro tecnológico. Vá a uma loja de tecnologia e observe os aparelhos de modem, os gadgets e os diferentes elementos funcionais. Descobrirá que a conetividade não se limita ao mundo digital através de meios intangíveis, mas que existem muitas soluções tangíveis. Desde electrodomésticos que podem ser ligados à Internet, a elementos de ligação como máquinas de lavar e secar roupa que falam entre si, bem como muitos pontos de conetividade diferentes para telemóveis inteligentes e elementos digitais em todo o lado, o futuro é agora. Quanto à cultura em geral, pode começar a ver esta ligação nas grandes áreas metropolitanas que atravessa, especialmente quando precisa de encontrar um lugar de estacionamento.

Os complexos de estacionamento automatizados por modem incluem normalmente controlo integrado de transmissão eletromecânica, controlo de segurança, sistemas de deteção e colocação automática. Os sistemas podem suportar totalmente a medição de veículos, a análise de imagens, a leitura de pagamentos electrónicos e a recuperação automática.

Num complexo de estacionamento automatizado, os condutores só precisam de estacionar numa palete ou porta de entrada. As imagens do carro são captadas e transmitidas a um controlador onde as dimensões do carro são lidas e a matrícula registada. Entretanto, o condutor paga com cartão e o sistema fornece a autorização, possivelmente através de reconhecimento de voz. Assim que os sensores verificarem que a palete de entrada ou a cabina está vazia de ocupantes, inicia-se o processo de deslocação e estacionamento automático. O carro será movido por um elevador ou por um sistema de carrossel até aos pisos de armazenamento e estacionado num espaço apropriado com garantia de segurança.

Para comandar e coordenar todos os controladores e subsistemas, os sistemas de estacionamento automático requerem um controlo preciso, uma rede robusta e fiável e uma manutenção segura do sistema.

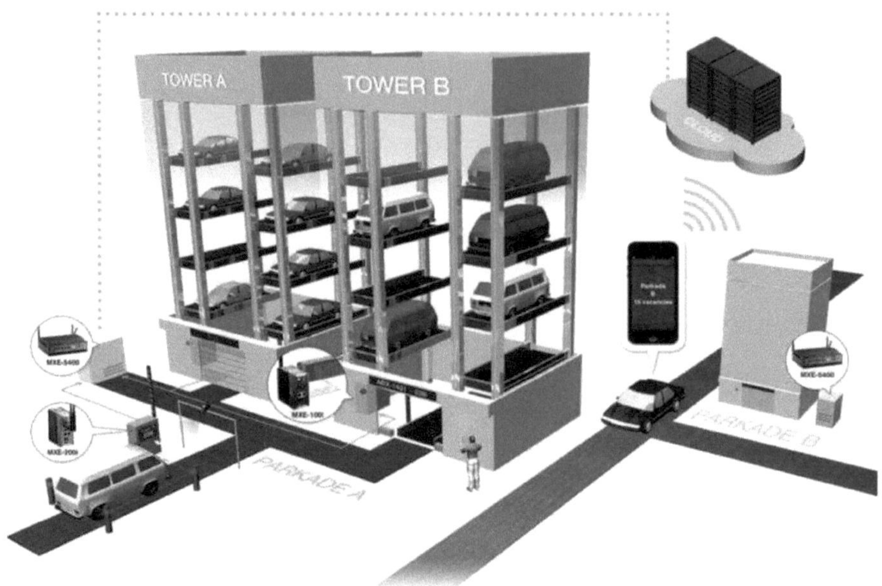

Convencionalmente, os sistemas electromecânicos que conduzem o processo de estacionamento e recuperação automáticos são controlados por um PLC (controlador lógico programável), com o qual os funcionários do parque dirigem o sistema através de um painel de controlo na entrada. O PLC é um sistema fechado, baseado numa linguagem de programação única, e está muitas vezes situado num local remoto, o que representa um inconveniente quando é necessário ler os dados da unidade PLC através de um dispositivo HMI ligado por um cabo de série RS-485.

Usando um gateway de Internet das Coisas (loT) para se conectar com o PLC, no entanto, sensores e outros dispositivos de ponta, os dados de campo podem ser recuperados, analisados e armazenados na nuvem. Isto permite que o sistema de estacionamento seja monitorizado e controlado a partir de um centro de controlo remoto em tempo real, proporcionando benefícios consideráveis para a gestão e eficiência dos sistemas de estacionamento.

O gateway loT liga o PLC ao sistema de controlo de monitorização baseado em PC, permitindo a leitura dos dados do PLC e a execução de tarefas básicas de reparação e manutenção através de um painel portátil ou outro dispositivo móvel ligado à rede via 3G/WiFi ou outra ligação Ethernet.

Como os gateways loT carregam continuamente os dados do PLC para os servidores locais e para a nuvem, o estado de funcionamento de várias torres pode ser monitorizado remotamente em tempo real, alertando a administração para problemas que podem ser resolvidos atempadamente. O risco de falha do sistema e os requisitos de manutenção no local são assim minimizados, melhorando a eficiência e reduzindo os custos de manutenção.

Além disso, com a computação em nuvem possibilitada pela tecnologia loT, podem ser desenvolvidas novas aplicações para aumentar os serviços de valor acrescentado. Pode ser desenvolvido um sistema de estacionamento urbano inteligente que permita aos condutores localizar vagas de estacionamento nas proximidades através de um dispositivo móvel com GPS/web que aceda a informações na nuvem.

Desafios

Uma vez que os parques de estacionamento automatizados representam um investimento significativo, a ligação dos sistemas e equipamentos PLC existentes a instalações externas requer uma solução loT fiável e económica. Uma solução loT favorável deve facilitar o upload de dados de campo para a nuvem sem a necessidade de abandonar os ativos estabelecidos, tudo com um investimento adicional mínimo, carga e custo de manutenção reduzidos e ROI maximizado.

Solução AD LINK

MXE-200i + MXE-lOOi + MXE-5400 + painel de visualização do operador

Os gateways Matrix **MXE-lOOi** e MXE-lOOi loT da ADLINK, baseados na plataforma Intel® loT Gateway, oferecem uma excelente opção de poder de computação. Combinando as vantagens da Wind River Intelligent Device Platform XT, do McAfee Embedded Control e do SEMA Cloud da ADLINK, **oMXE-200i** e o MXE-lOOi fornecem blocos de construção de hardware e software pré-integrados e pré-validados que fornecem todos os recursos necessários de computação, comunicação, conetividade, segurança e capacidade de gerenciamento para estabelecer um aplicativo loT baseado em nuvem de nível industrial.

Num ambiente de sistema de estacionamento automatizado, o **MXE-200i** pode ser instalado na entrada do complexo de estacionamento, ligando-se a leitores de cartões de pagamento e sensores de câmara que lêem números de matrículas e dimensões do veículo. O **MXE-200i, equipado com o** processador Intel® AtomTM E3845 ou E3826, oferece E/S flexíveis e ricas e permite o processamento primário e a análise de imagens antes de transmitir os resultados para o servidor local **MXE-5400**. Este servidor reúne dados de todos os gateways para aplicações inteligentes locais e encaminha dados específicos da aplicação para a nuvem.

Uma vez que as dimensões do veículo são determinadas por este sistema, o veículo pode ser atribuído ao lugar mais próximo com o tamanho minimamente adequado. Esta abordagem inteligente aumenta a eficiência da utilização do espaço e é apenas um exemplo dos benefícios que os sistemas inteligentes podem proporcionar.

O MXE-lOOi liga-se ao PLC e recolhe os dados do mesmo, que são depois transmitidos em formato PC para o servidor local. Desta forma, os dados relativos ao estado de funcionamento do sistema de estacionamento automático permitem uma monitorização em tempo real, reduzindo a necessidade de visitas ao local e, consequentemente, reduzindo os custos de manutenção e aumentando a eficiência.

Parquímetro inteligente habilitado para loT

Em grandes espaços públicos e centros comerciais, pode ser muitas vezes bastante irritante para os visitantes terem de andar de um lado para o outro à procura de um lugar de estacionamento vago. Durante as horas de maior movimento ou aos fins-de-semana, isto pode causar um tempo adicional de espera para entrar e sair do parque de estacionamento.

Nesta publicação do blogue, vamos demonstrar como construir um protótipo de uma aplicação de parquímetro inteligente habilitado para IoT usando o IBM Bluemix e o PubNub. Esta aplicação pode ajudar o condutor a reservar um lugar de estacionamento e o sistema pode também acompanhar automaticamente a faturação com base nas acções do condutor quando o veículo entra ou sai do lugar.

Visão geral

Esta aplicação é composta por três componentes:

- **Servidor de gestão de estacionamento (PMS)** - monitoriza todos os lugares de estacionamento e gere também a contagem e a faturação de todos os utilizadores.
- **Plataforma de hardware IoT** - liga os lugares de estacionamento ao PMS e também detecta a presença ou ausência de um veículo.
- **Aplicação móvel** - oferece uma interface fácil para ajudar o condutor a encontrar um lugar vago e a gerir a sua utilização e faturação do estacionamento.

A plataforma de hardware é alimentada pelo Arduino Yun e utiliza sensores ultra-sónicos para detetar a presença ou ausência de um veículo num lugar de estacionamento. O PMS é implementado como um servidor de aplicações executado em Python. Mantém o controlo de todos os dispositivos e gere a faturação e as reservas. A aplicação móvel (também conhecida como Auto Park) é uma aplicação Android baseada em Cordova e JavaScript.

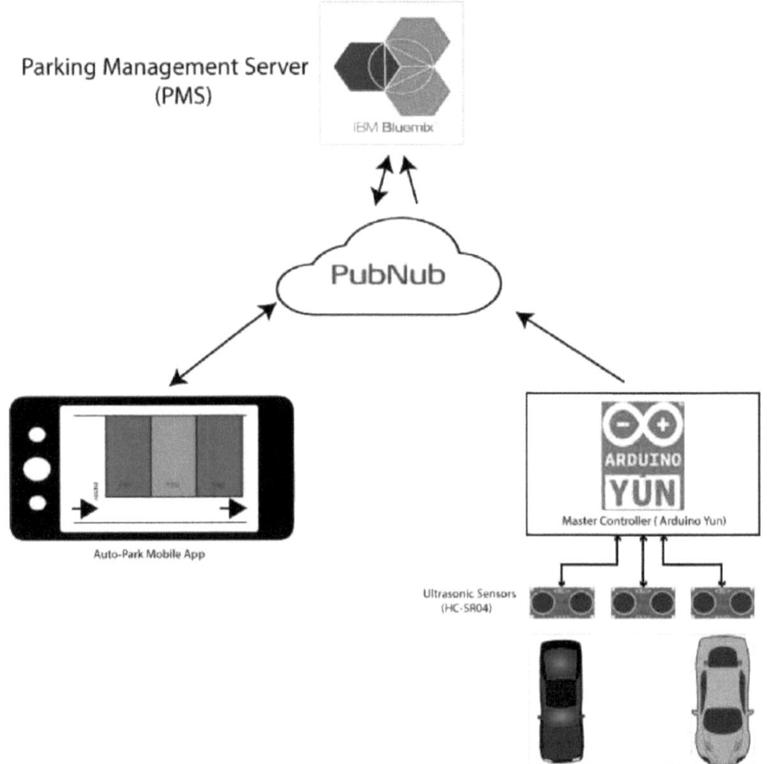

O servidor de aplicações PMS está alojado na plataforma de nuvem IBM Bluemix e toda a comunicação entre o PMS e o hardware e entre o PMS e a aplicação móvel é alimentada pela rede de fluxo de dados em tempo real da PubNub.

Configuração

Este projeto é um ótimo experimento DIY para entusiastas de loT. Portanto, se você estiver interessado em experimentá-lo, vá até o GitHub para obter o código-fonte completo do projeto bluemix-parking- meter.

Consulte as instruções de compilação e o ficheiro readme para obter passos detalhados, desde a configuração do hardware até ao alojamento e execução da aplicação. Para hospedar este aplicativo, você precisará criar uma conta do Bluemix e do PubNub. Visite a página de inscrição do IBM Bluemix e a página de complemento do PubNub para criar suas respectivas contas. Ambos os serviços oferecem uma conta de nível gratuito para brincar com suas ofertas.

Hardware

Segue-se a lista dos componentes de hardware utilizados para este projeto:

- Arduino Yun
- Sensor ultrassónico HC-SR04 (3 n.ºs)

Existem três partes funcionais do hardware:

- **Controlador principal** - O Arduino Yun com WiFi funciona como controlador principal para controlar alguns lugares de estacionamento. Monitoriza periodicamente e obtém o estado de cada lugar de estacionamento dentro da sua jurisdição, através de sensores ultra-sónicos. Também faz a interface com o PMS através do PubNub e publica o estado do estacionamento
- **Controlador de sensores** - Este é um componente interno da placa Arduino Yun, alimentado pelo chip ATMega32. Interage diretamente com os sensores e executa um ciclo, de poucos em poucos segundos, para obter o estado mais recente de cada sensor
- **Sensor ultrassónico** - São utilizados três sensores HC-SR04 para simular três lugares de estacionamento.

O código-fonte para a configuração do hardware está disponível no diretório yun_pubnub (para o controlador principal) e no diretório device/hcsr04 (para o controlador do sensor) no repositório GitHub.

Servidor de gestão de estacionamento (IBM Bluemix)

O PMS é escrito em Python e pode ser instalado como um serviço hospedado no IBM Bluemix.

O IBM Bluemix fornece a potência de computação para o PMS monitorar dispositivos de hardware e gerenciar a medição e o faturamento do estacionamento para os usuários. Além disso, será necessário associar o serviço complementar do PubNub à sua conta do IBM

Bluemix para que o PMS funcione com o PubNub. Consulte as etapas em README.md para entender como

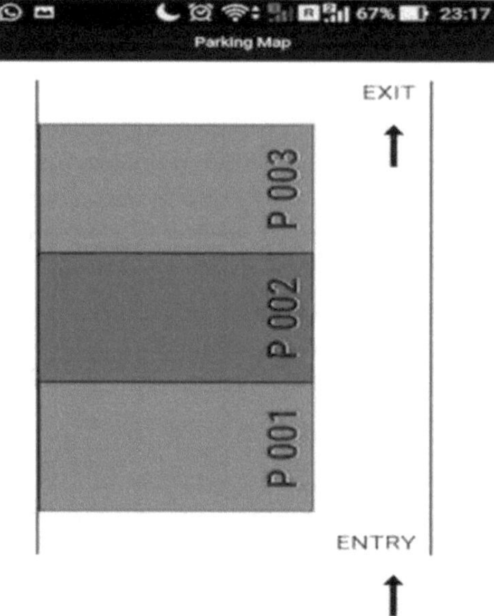

configurar e hospedar um aplicativo Python no Bluemix com o PubNub.

O código-fonte do PMS está localizado no diretório parking-meter no repositório GitHub.

Aplicação móvel

A aplicação móvel é uma aplicação Android padrão baseada em Cordova. Apresenta um mapa da área de estacionamento com lugares de estacionamento codificados por cores para ajudar o utilizador a escolher um lugar vago.

O código-fonte da aplicação móvel está localizado no diretório MobileApp no repositório GitHub.

PubNub

O PubNub actua como middleware de comunicação para todo o sistema. Fornece uma rede de fluxo de dados em tempo real baseada na nuvem que suporta mais de 70 SDKs, de modo a permitir que qualquer dispositivo comunique com qualquer outro dispositivo na Internet. Esta aplicação utiliza três dos SDKs do PubNub para que todos os componentes comuniquem entre si sem problemas. Estes são:

Javascript SDK para a aplicação móvel,

SDK Python para PMS

■ POSIX C SDK para o Arduino Yun

Esta aplicação baseia-se em vários canais PubNub para permitir a comunicação entre os componentes, conforme ilustrado abaixo:

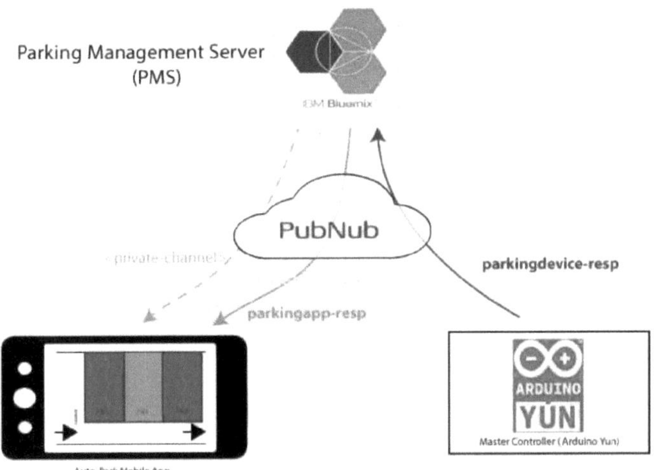

O <private-channel> no diagrama acima se refere a um canal dedicado entre o PMS e um aplicativo móvel. Todas as mensagens trocadas através dos canais PubNub estão no formato JSON. Para cada aplicativo móvel que solicita a reserva de estacionamento, o PMS inicia mensagens por meio desse canal para esse aplicativo móvel específico. O significado de todos os canais será esclarecido na secção seguinte.

Funcionamento do sistema e cenários

O funcionamento completo deste sistema pode ser dividido nos cinco cenários seguintes.

Cenário 1: Inicialização da aplicação

Quando a aplicação móvel é lançada pela primeira vez após a instalação, pede o número da matrícula/registo do veículo do utilizador. Este número funciona como um identificador único para o PMS, que rastreia a aplicação para efeitos de faturação.

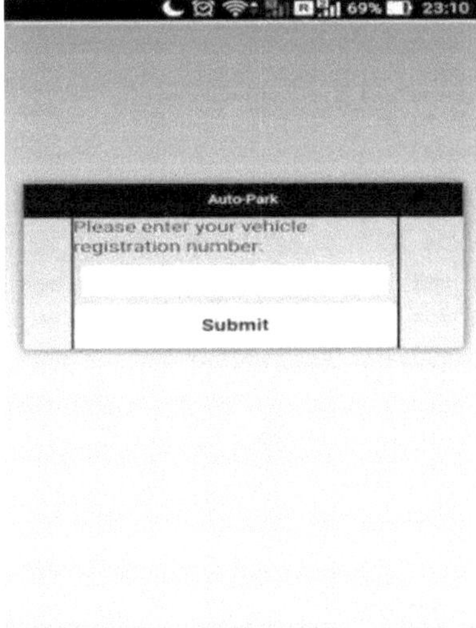

IMPACTO DO loT NA VIDA DIÁRIA

Afinar o carro: À medida que mais máquinas falam umas com as outras e os sistemas se integram, deixará de falhar uma mudança de óleo. O seu carro verdadeiramente "inteligente" contactará preventivamente o seu mecânico quando for altura de fazer a afinação anual ou quando a pressão dos pneus estiver a baixar e, através de uma referência cruzada com o seu calendário, ser-lhe-ão apresentadas sugestões de marcação para confirmar uma hora com um clique.

Monitorização da sua saúde: Quando uma receita estiver a acabar, será marcada uma consulta com o seu médico através dos frascos RX ligados. Os médicos serão mantidos informados sobre a frequência e o horário em que os seus pacientes estão a tomar os medicamentos e os que têm problemas de saúde poderão monitorizar remotamente aspectos como a tensão arterial e os níveis de açúcar.

Consumo de energia: Os electrodomésticos com elevado consumo de energia serão ajustados com base em sinais dinâmicos de preços para reduzir a sua fatura de eletricidade. Os termóstatos e a iluminação aprenderão os seus hábitos para criar a definição ideal com base na sua vida quotidiana, como, por exemplo, mudar para a temperatura ideal pouco antes de chegar a casa. Estes aparelhos também detectam quando não está ninguém em casa e desligam-se automaticamente para reduzir os desperdícios e os custos.

A condução e os engarrafamentos: A condução tornar-se-á muito mais segura. Os semáforos poderão ajustar-se às condições de trânsito em tempo real, por exemplo, quando se aproxima um veículo de emergência. Os sensores rodoviários alterarão o limite de velocidade com base nas condições meteorológicas e nos acidentes, ao mesmo tempo que comunicam diretamente aos painéis de instrumentos dos automóveis sobre condições inseguras (por exemplo, "Abrande, a curva a um quarto de milha está gelada").

Listas de compras: Os frigoríficos inteligentes detectarão quando estiver a ficar sem alimentos básicos, como ovos ou leite, e preencherão automaticamente a sua lista de compras. As lojas enviam lembretes para adicionar itens à sua lista quando prevêem que está prestes a esgotar o stock, com base no seu comportamento histórico de compras e nas tendências médias de compra. Quando estiver a percorrer a loja, os lembretes serão enviados para si para garantir que nunca terá de fazer aquela temida segunda viagem.

O nosso despertador matinal: O trânsito no seu trajeto para o trabalho e as condições meteorológicas afectarão rapidamente a hora a que o alarme toca. Se houver um acidente ou obras na estrada no seu trajeto habitual, o alarme tocará mais cedo e serão apresentados percursos alternativos no seu painel de instrumentos. Naturalmente, a sua máquina de café estará ao corrente para garantir que tem a sua chávena de café para a estrada.

Monitorização do bebé: Através dos seus smartphones, os pais monitorizarão a respiração, a temperatura e a atividade dos seus bebés. Os bebés vestirão fatos conectados que enviarão um alerta quando houver algo de anormal. Naturalmente, os outros bebés da sua vida também colherão os benefícios da conetividade. Os sistemas de monitorização de animais de estimação permitirão monitorizar a sua atividade e comportamento à distância, para que possa ver até que ponto o seu treino para usar o bacio está a funcionar bem e até que ponto o seu passeador de cães é realmente honesto.

O que está no seu corpo: A tecnologia vestível foi talvez a que recebeu mais atenção na conversa sobre a Internet das Coisas até à data. Muitos produtos estão agora na sua segunda ou terceira geração, oferecendo designs mais elegantes e maior integração com diferentes sistemas. Desde a monitorização da atividade física durante os treinos até aos padrões de sono e aos aparelhos auditivos, os dispositivos que "vestimos" estão a tornar-se muito mais sofisticados, ligando-se a todas as nossas contas nas redes sociais e registando muito mais dados qualitativos e quantitativos.

O número crescente de sensores detectará e actuará em função do ambiente e de outros factores contextuais, como as condições meteorológicas; saberá quem e quantas pessoas se encontram na sua proximidade para alterar os níveis de entrada e saída; e ajustar-se-á para poupar recursos e melhorar a segurança.

Com o número crescente de coisas conectadas nas nossas vidas, todos nós ficaremos mais em sintonia com os nossos próprios dados (a la Nike Fuelband) e começaremos a esperar interacções mais pessoais com as marcas e os retalhistas. Os profissionais de marketing terão de estabelecer uma relação de confiança entre os consumidores e provar que, se cederem o acesso a alguns dos seus dados pessoais, receberão em troca ofertas, promoções e interacções mais personalizadas.

Os smartphones tornar-se-ão não só o portal de todos para o ecossistema da Internet das Coisas (basta olhar para as lâmpadas controladas por smartphones), mas também um controlo remoto completo da sua vida (se é que já não o é). Todas as empresas têm de levar os telemóveis ainda mais a sério e considerá-los como um ponto-chave dos futuros esforços de ligação.

As 10 principais tendências da IoT

1. Plataformas

A plataforma é a chave do sucesso. As "coisas" ficarão cada vez mais baratas, as aplicações se multiplicarão e a conetividade custará centavos. Não se esqueça de que as plataformas IoT reúnem muitos dos componentes da infraestrutura de um sistema IoT num único produto. Os serviços prestados por essas plataformas dividem-se em três categorias principais:

- Controlo e operações de baixo nível dos dispositivos, tais como comunicações, monitorização e gestão de dispositivos, segurança e actualizações de firmware.
- Aquisição, transformação e gestão de dados IoT.
- Desenvolvimento de aplicações IoT, incluindo lógica orientada para eventos, programação de aplicações, visualização, análise e adaptadores para ligação a sistemas empresariais.

2. normas e ecossistemas

As organizações que criam produtos poderão ter de desenvolver variantes para suportar várias normas ou ecossistemas e estar preparadas para atualizar os produtos durante o seu tempo de vida à medida que as normas evoluem e surgem novas normas e APIs relacionadas", segundo a Gartner. **Haverá uma batalha pela quota de mercado das aplicações de IoT.** Com milhares de milhões de dispositivos projectados para emitir petabytes de dados, os criadores de aplicações terão um dia em cheio para lançar milhares, ou mesmo milhões, de aplicações novas e interessantes. Mas, à semelhança do que acontece no mundo dos smartphones, todas estas aplicações estarão a lutar pela quota de mercado, e apenas algumas chegarão ao topo para serem valorizadas pelas empresas e pelos consumidores.

3 Processamento do fluxo de eventos

De acordo com a Gartner: "Algumas aplicações IoT gerarão taxas de dados extremamente altas que devem ser analisadas em tempo real. Os sistemas que geram dezenas de milhares de eventos por segundo são comuns, e milhões de eventos por segundo podem ocorrer em algumas situações de telecomunicações e telemetria. Para responder a esses requisitos, surgiram **as plataformas de computação de fluxo distribuído (DSCPs).** Normalmente, estas utilizam arquitecturas paralelas para processar fluxos de dados de débito muito elevado para realizar tarefas como a análise em tempo real e a identificação de padrões."

4 Sistemas operativos

Existe uma grande variedade de sistemas que foram concebidos para fins específicos.

5 Processadores e arquitetura

A conceção de dispositivos com uma compreensão das necessidades desses dispositivos exigirá **"competências técnicas profundas".**

6 Redes de baixa potência e de área alargada

As soluções actuais são proprietárias, mas as normas vão passar a dominar. Segundo a Gartner: "As redes celulares tradicionais não oferecem uma boa combinação de características técnicas e custo operacional para as aplicações IoT que precisam de cobertura de área ampla combinada com largura de banda relativamente baixa, boa duração da bateria, baixo custo operacional e de hardware e alta densidade de conexão.

O objetivo a longo prazo de uma rede IoT de área alargada é fornecer débitos de dados de centenas de bits por segundo (bps) a dezenas de kilobits por segundo (Kbps) com cobertura nacional, uma duração de bateria de até 10 anos, um custo de hardware de ponto final de cerca de 5 dólares e suporte para centenas de milhares de dispositivos ligados a uma estação de base ou equivalente.

As primeiras **redes de área alargada de baixo consumo (LPWAN)** baseavam-se em tecnologias proprietárias, mas a longo prazo as normas emergentes, como a **Narrowband IoT (NB-IoT), irão provavelmente dominar este espaço."**

7 Redes IoT de baixa potência e curto alcance

As redes de curto alcance que ligam os dispositivos informáticos serão complicadas. **Não haverá uma única infraestrutura comum** que ligue os dispositivos.

8 Gestão de dispositivos (coisas)

As coisas IoT que não são efémeras - que vão existir durante algum tempo - vão exigir uma gestão como qualquer outro dispositivo (actualizações de firmware, actualizações de software, etc.), o que introduz **problemas de escala.**

9 Análise

De acordo com a Gartner, a IoT exigirá **uma nova abordagem à análise. "**Atualmente, são necessárias novas ferramentas e algoritmos de análise, mas à medida que o volume de dados aumenta até 2021, as necessidades da IoT podem divergir ainda mais da análise tradicional", segundo a Gartner. A moeda da IoT será o "dado". Mas esta nova moeda só tem valor se **as massas de dados puderem ser traduzidas em conhecimentos e informações que possam**

ser convertidos em acções concretas que transformem as empresas, mudem a vida das pessoas e produzam mudanças sociais.

lO.Security Segundo a Gartner, as ameaças vão muito além dos *"ataques de negação de sono"*.

Trata-se de ataques que utilizam código malicioso, propagado através da Internet das Coisas, com o objetivo de esgotar as baterias dos seus dispositivos, mantendo-os acordados. Segundo a Gartner, "a loT introduz **uma vasta gama de novos riscos e desafios de segurança** para os próprios dispositivos loT, as suas plataformas e sistemas operativos, as suas comunicações e até os sistemas a que estão ligados.

Serão necessárias tecnologias de segurança para proteger os dispositivos e plataformas loT contra ataques de informação e adulteração física, para encriptar as suas comunicações e para enfrentar novos desafios, como a personificação de 'coisas' ou ataques de negação de sono que esgotam as baterias. A segurança loT será complicada pelo facto de muitas 'coisas' utilizarem processadores e sistemas operativos simples que podem não suportar abordagens de segurança sofisticadas."

BIBLIOGRAFIA

1. https://www.tutorialspoint.com/intemet_of_things/intemet_of_things_overview.htm
2. http://www.c-sharpcomer.com/UploadFile/f88748/intemet-of-things-part-2
3. https://en.wikipedia.org/wiki/Intemet_of_things
4. https://thingsee.com/blog/quality-hardware-list-for-your-iot-projects
5. https://www. losant. com/blog/ 7-best-developer-tools-to- build- your-next-intemet- of-things application
6. http://www.kdnuggets.com/2016/07/open-source-tools-intemet-things.html
7. http://www.libelium.com/resources/top_50_iot_sensor_applications_ranking/
8. https ://e27 .co/advantages-disadvantages-intemet-things-20160615
9. https://www.linkedin.com/pulse/intemet-things-training-courses-17-resources-become-iot-omer
10. http://www.softwaretestinghelp.com/intemet-of-things-iot-testing/
11. http://iotindiamag.com/2016/12/10-emerging-job-roles-iot/
12. http://www.adlinktech.com/Intemet_of Things/IoT-based-Automated-Parking- Systems .php

APÊNDICE

ESTACIONAMENTO INTELIGENTE

Introdução

A Internet das Coisas está a começar a proliferar a cultura de muitas formas. Para aqueles que não estão cientes disso, basta uma viagem a um centro de tecnologia. Vá a uma loja de tecnologia e observe os aparelhos de modem, os gadgets e os diferentes elementos funcionais.

Descobrirá que a conetividade não se limita ao mundo digital através de meios intangíveis, mas que existem muitas soluções tangíveis. Desde electrodomésticos que podem ser ligados à Internet, a elementos de ligação como máquinas de lavar e secar roupa que falam entre si, bem como muitos pontos de conetividade diferentes para telemóveis inteligentes e elementos digitais em todo o lado, o futuro é agora. Quanto à cultura em geral, pode começar a ver esta ligação nas grandes áreas metropolitanas que atravessa, especialmente quando precisa de encontrar um lugar de estacionamento.

Os complexos de estacionamento automatizados por modem incluem normalmente controlo integrado de transmissão eletromecânica, controlo de segurança, sistemas de deteção e colocação automática. Os sistemas podem suportar totalmente a medição de veículos, a análise de imagens, a leitura de pagamentos electrónicos e a recuperação automática.

Num complexo de estacionamento automatizado, os condutores só precisam de estacionar numa palete ou porta de entrada. As imagens do carro são captadas e transmitidas a um controlador onde as dimensões do carro são lidas e a matrícula registada. Entretanto, o condutor paga com cartão e o sistema fornece a autorização, possivelmente através de reconhecimento de voz.

Assim que os sensores verificarem que a palete de entrada ou a cabina está vazia de ocupantes, será iniciado o processo de deslocação e estacionamento automático. O carro será movido por um elevador ou por um sistema de carrossel até aos pisos de armazenamento e estacionado num espaço apropriado com garantia de segurança.

Para comandar e coordenar todos os controladores e subsistemas, os sistemas de estacionamento automático requerem um controlo preciso, uma rede robusta e fiável e uma manutenção segura do sistema.

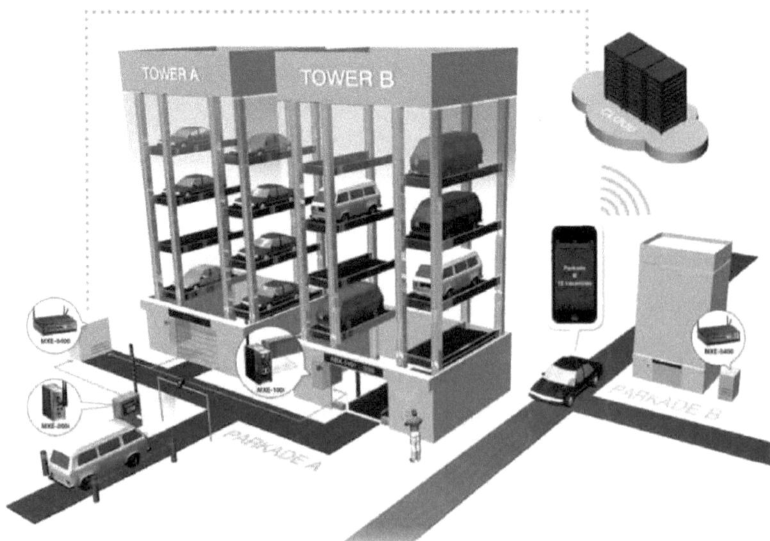

Convencionalmente, os sistemas electromecânicos que conduzem o processo de estacionamento e recuperação automáticos são controlados por um PLC (controlador lógico programável), com o qual os funcionários do parque dirigem o sistema através de um painel de controlo na entrada. O PLC é um sistema fechado baseado numa linguagem de programação única, e está frequentemente situado num local remoto, apresentando inconvenientes quando os dados têm de ser lidos a partir da unidade PLC através de um dispositivo HMI ligado por um cabo de série RS-485.

Usando um gateway de Internet das Coisas (loT) para se conectar com o PLC, no entanto, sensores e outros dispositivos de ponta, os dados de campo podem ser recuperados, analisados e armazenados na nuvem. Isto permite que o sistema de estacionamento seja monitorizado e controlado a partir de um centro de controlo remoto em tempo real, proporcionando benefícios consideráveis para a gestão e eficiência dos sistemas de estacionamento.

O gateway loT liga o PLC ao sistema de controlo de monitorização baseado em PC, permitindo a leitura dos dados do PLC e a execução de tarefas básicas de reparação e manutenção através de um painel portátil ou outro dispositivo móvel ligado à rede via 3G/WiFi ou outra ligação Ethernet.

Como os gateways loT carregam continuamente os dados do PLC para os servidores locais e para a nuvem, o estado de funcionamento de várias torres pode ser monitorizado remotamente em tempo real, alertando a administração para problemas que podem ser resolvidos atempadamente. O risco de falha do sistema e os requisitos de manutenção no local são assim minimizados, melhorando a eficiência e reduzindo os custos de manutenção.

Além disso, com a computação em nuvem possibilitada pela tecnologia loT, podem ser desenvolvidas novas aplicações para aumentar os serviços de valor acrescentado. Pode ser desenvolvido um sistema de estacionamento urbano inteligente que permita aos condutores localizar vagas de estacionamento nas proximidades através de um dispositivo móvel com GPS/web que aceda a informações na nuvem.

Desafios

Uma vez que os parques de estacionamento automatizados representam um investimento significativo, a ligação dos sistemas e equipamentos PLC existentes a instalações externas requer uma solução loT fiável e económica. Uma solução loT favorável deve facilitar o upload de dados de campo para a nuvem sem a necessidade de abandonar os ativos estabelecidos, tudo com um investimento adicional mínimo, carga e custo de manutenção reduzidos e ROL maximizado

Solução ADLINK

MXE-200i + MXE-lOOi + MXE-5400 + painel de visualização do operador

Os gateways Matrix MXE-2001 e MXE-lOOi loT da ADLINK, baseados na plataforma Intel® loT Gateway, oferecem uma excelente opção de poder de computação. Combinando as vantagens da Wind River Intelligent Device Platform XT, do McAfee Embedded Control e do SEMA Cloud da ADLINK, oMXE-200i e o MXE-lOOi fornecem blocos de construção de hardware e software pré-integrados e pré-validados que fornecem todos os recursos necessários de computação, comunicação, conetividade, segurança e capacidade de gerenciamento para estabelecer um aplicativo loT baseado em nuvem de nível industrial.

Num ambiente de sistema de estacionamento automatizado, o **MXE-200i** pode ser instalado na entrada do complexo de estacionamento, ligando-se a leitores de cartões de pagamento e sensores de câmara que lêem números de matrículas e dimensões do veículo. O **MXE-200i, equipado com o** processador Intel® AtomTM E3845 ou E3826, oferece E/S flexíveis e ricas e permite o processamento primário e a análise de imagens antes de transmitir os resultados para o servidor local **MXE-5400**. Este servidor reúne dados de todos os gateways para aplicações inteligentes locais e encaminha dados específicos de aplicações para a nuvem.

Uma vez que as dimensões do veículo são determinadas por este sistema, o veículo pode ser atribuído ao lugar mais próximo com o tamanho minimamente adequado. Esta abordagem inteligente aumenta a eficiência da utilização do espaço e é apenas um exemplo dos benefícios que os sistemas inteligentes podem proporcionar.

O MXE-lOOi liga-se ao PLC e recolhe os dados do mesmo, que são depois transmitidos em formato PC para o servidor local. Desta forma, os dados relativos ao estado de funcionamento do sistema de estacionamento automático permitem uma monitorização em tempo real, reduzindo a necessidade de visitas ao local e, consequentemente, reduzindo os custos de manutenção e aumentando a eficiência.

Parquímetro inteligente habilitado para loT

Em grandes espaços públicos e centros comerciais, pode ser muitas vezes bastante irritante para os visitantes terem de andar de um lado para o outro à procura de um lugar de estacionamento vago. Durante as horas de maior movimento ou aos fins-de-semana, isto pode causar um tempo adicional de espera para entrar e sair do parque de estacionamento.

Nesta publicação do blogue, vamos demonstrar como construir um protótipo de uma aplicação de parquímetro inteligente habilitado para loT usando o IBM Bluemix e o PubNub. Esta aplicação pode ajudar o condutor a reservar um lugar de estacionamento e o sistema pode também acompanhar automaticamente a faturação com base nas acções do condutor quando o veículo entra ou sai do lugar.

Visão geral

Esta aplicação é composta por três componentes:

- **Servidor de gestão de estacionamento (PMS)** - monitoriza todos os lugares de estacionamento e gere também a contagem e a faturação de todos os utilizadores.
- **Plataforma de hardware loT** - liga os lugares de estacionamento ao PMS e também detecta a presença ou ausência de um veículo.
- **Aplicação móvel** - oferece uma interface fácil para ajudar o condutor a encontrar um lugar vago e a gerir a sua utilização e faturação do estacionamento.

A plataforma de hardware é alimentada pelo Arduino Yun e utiliza sensores ultra-sónicos para detetar a presença ou ausência de um veículo num lugar de estacionamento. O PMS é implementado como um servidor de aplicações executado em Python. Mantém o controlo de todos os dispositivos e gere a faturação e as reservas. A aplicação móvel (também conhecida como Auto Park) é uma aplicação Android baseada em Cordova e JavaScript.

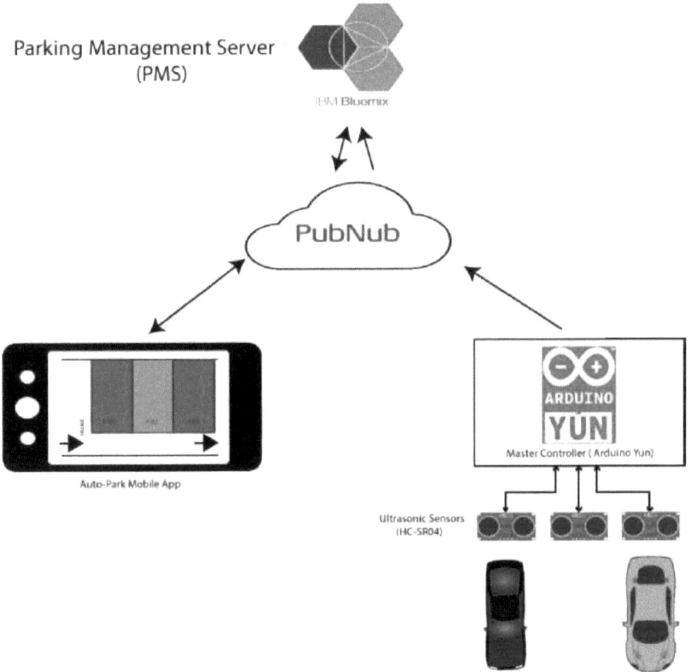

O servidor de aplicações PMS está alojado na plataforma de nuvem IBM Bluemix e toda a comunicação entre o PMS e o hardware e entre o PMS e a aplicação móvel é alimentada pela rede de fluxo de dados em tempo real da PubNub.

Configuração do projeto

Este projeto é uma ótima experiência DIY para entusiastas de IoT. Portanto, se você estiver interessado em experimentá-lo, vá até o GitHub para obter o código-fonte completo do projeto bluemix- parking-meter.

Consulte as instruções de compilação e o ficheiro readme para obter passos detalhados, desde a configuração do hardware até ao alojamento e execução da aplicação.

Para hospedar esse aplicativo, você precisará criar uma conta do Bluemix e do PubNub. Visite a página de inscrição do IBM Bluemix e a página de complemento do PubNub para criar suas respectivas contas. Ambos os serviços oferecem uma conta de nível gratuito para brincar com suas ofertas.

Hardware

Segue-se a lista dos componentes de hardware utilizados para este projeto:

- Arduino Yun
- Sensor ultrassónico HC-SR04 (3 n.ºs)

Existem três partes funcionais do hardware:

- **Controlador principal -** O Arduino Yun, com WiFi, actua como controlador principal para controlar alguns lugares de estacionamento. Monitoriza periodicamente e obtém o estado de cada lugar de estacionamento dentro da sua jurisdição, através de sensores ultra-sónicos. Também faz a interface com o PMS através do PubNub e publica o estado do estacionamento

- **Controlador de sensores** - Este é um componente interno da placa Arduino Yun, alimentado pelo chip ATMega32. Interage diretamente com os sensores e executa um ciclo, de poucos em poucos segundos, para obter o estado mais recente de cada sensor
- **Sensor ultrassónico** - São utilizados três sensores HC-SR04 para simular três lugares de estacionamento.

O código-fonte para a configuração do hardware está disponível no diretório yun_pubnub (para o controlador principal) e no diretório device/hcsr04 (para o controlador do sensor) no repositório GitHub.

Servidor de gestão de estacionamento (IBM Bluemix)

O PMS é escrito em Python e pode ser instalado como um serviço hospedado no IBM Bluemix. O IBM Bluemix fornece a potência de computação para o PMS monitorar dispositivos de hardware e gerenciar a medição e o faturamento do estacionamento para os usuários. Além disso, será necessário associar o serviço complementar do PubNub à sua conta do IBM Bluemix para que o PMS funcione com o PubNub. Consulte as etapas em README.md para entender como configurar e hospedar um aplicativo Python no Bluemix com o PubNub.

O código-fonte do PMS está localizado no diretório parking-meter no repositório GitHub.

Aplicação móvel

A aplicação móvel é uma aplicação Android padrão baseada em Cordova. Apresenta um mapa da área de estacionamento com lugares de estacionamento codificados por cores para ajudar o utilizador a escolher um lugar vago.

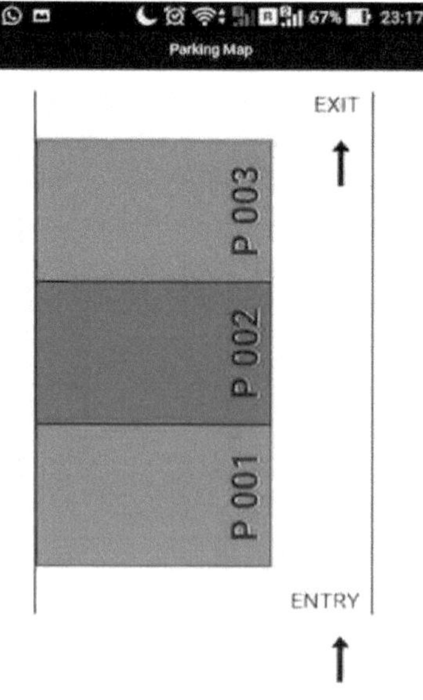

O código-fonte da aplicação móvel está localizado no diretório MobileApp no repositório GitHub.

PubNub

O PubNub actua como middleware de comunicação para todo o sistema. Fornece uma rede de fluxo de dados em tempo real baseada na nuvem que suporta mais de 70 SDKs, de modo a permitir que qualquer dispositivo comunique com qualquer outro dispositivo na Internet. Esta aplicação utiliza três dos SDKs do PubNub para que todos os componentes comuniquem entre si sem problemas. Estes são:

Javascript SDK para a aplicação móvel,

SDK Python para PMS

SDK POSIX C para o Arduino Yun

Esta aplicação baseia-se em vários canais PubNub para permitir a comunicação entre os componentes, conforme ilustrado abaixo:

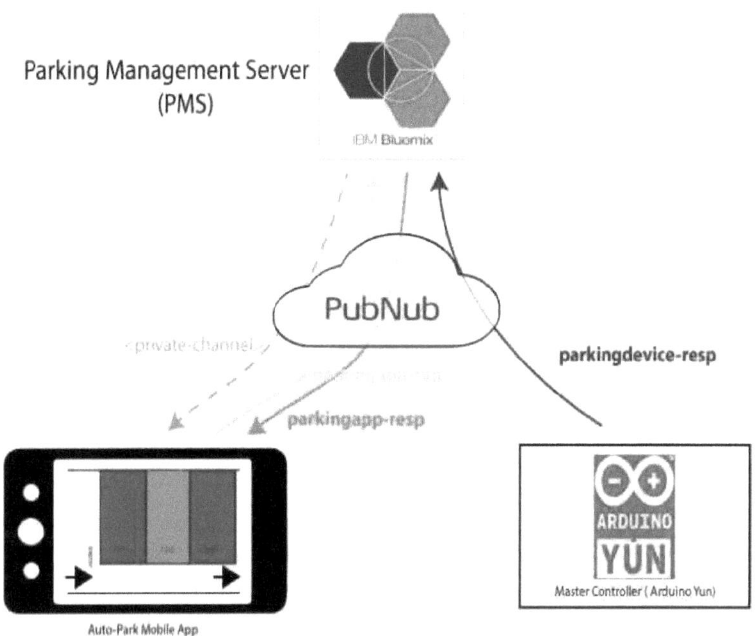

O <private- channel> no diagrama acima se refere a um canal dedicado entre o PMS e um aplicativo móvel. Todas as mensagens trocadas através dos canais PubNub estão no formato JSON. Para cada aplicativo móvel que solicita a reserva de estacionamento, o PMS inicia mensagens por meio desse canal para esse aplicativo móvel específico. O significado de todos os canais será esclarecido na secção seguinte.

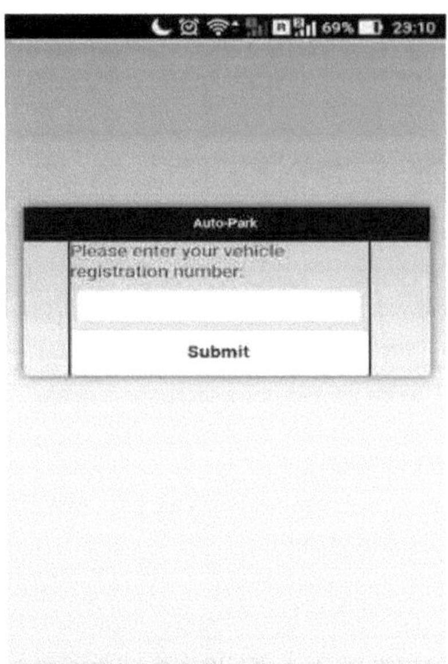

Funcionamento do sistema e cenários

O funcionamento completo deste sistema pode ser dividido nos cinco cenários seguintes.

Cenário 1: Inicialização da aplicação

Quando a aplicação móvel é lançada pela primeira vez após a instalação, pede o número da matrícula/registo do veículo do utilizador. Este número funciona como um identificador único para o PMS, que rastreia a aplicação para efeitos de faturação.

IMPACTO DO loT NA VIDA DIÁRIA

Afinar o carro: À medida que mais máquinas falam umas com as outras e os sistemas se integram, deixará de falhar uma mudança de óleo. O seu carro verdadeiramente "inteligente" contactará preventivamente o seu mecânico quando for altura de fazer a afinação anual ou quando a pressão dos seus pneus estiver a baixar e, fazendo referência cruzada ao seu calendário, ser-lhe-ão apresentadas sugestões de marcação para confirmar a hora com um clique.

Monitorização da sua saúde: Quando uma receita estiver a acabar, será marcada uma consulta com o seu médico através dos frascos RX ligados. Os médicos serão mantidos informados sobre a frequência e o horário em que os seus pacientes estão a tomar os medicamentos e os que têm problemas de saúde poderão monitorizar remotamente aspectos como a tensão arterial e os níveis de açúcar.

Consumo de energia: Os electrodomésticos com elevado consumo de energia serão ajustados com base em sinais dinâmicos de preços para reduzir a sua fatura de eletricidade. Os termóstatos e a iluminação aprenderão os seus hábitos para criar a definição ideal com base na sua vida quotidiana, como, por exemplo, mudar para a temperatura ideal pouco antes de chegar a casa. Estes aparelhos também detectam quando não está ninguém em casa e desligam-se automaticamente para reduzir os desperdícios e os custos.

A condução e os engarrafamentos: A condução tornar-se-á muito mais segura. Os semáforos poderão ajustar-se às condições de trânsito em tempo real, por exemplo, quando se aproxima um veículo de emergência. Os sensores rodoviários alterarão o limite de velocidade com base nas condições meteorológicas e nos acidentes, ao mesmo tempo que comunicam diretamente aos painéis de instrumentos dos automóveis sobre condições inseguras (por exemplo, "Abrande, a curva a um quarto de milha está gelada").

Listas de compras: Os frigoríficos inteligentes detectarão quando estiver a ficar sem alimentos básicos, como ovos ou leite, e preencherão automaticamente a sua lista de compras. As lojas enviam lembretes para adicionar itens à sua lista quando prevêem que está prestes a esgotar o stock, com base no seu comportamento histórico de compras e nas tendências médias de compra. Quando estiver a percorrer a loja, os lembretes serão enviados para si para garantir que nunca terá de fazer aquela temida segunda viagem.

O nosso despertador matinal: O trânsito no seu trajeto para o trabalho e as condições meteorológicas afectarão rapidamente a hora a que o alarme toca. Se houver um acidente ou obras na estrada no seu trajeto habitual, o alarme tocará mais cedo e serão apresentados percursos alternativos no seu painel de instrumentos. Naturalmente, a sua máquina de café estará ao corrente para garantir que tem a sua chávena de café para a estrada.

Monitorização do bebé: Através dos seus smartphones, os pais monitorizarão a respiração, a temperatura e a atividade dos seus bebés. Os bebés usarão fatos conectados que enviarão um alerta quando houver algo de anormal. Naturalmente, os outros bebés da sua vida também colherão os benefícios da conetividade. Os sistemas de monitorização de animais de estimação permitirão monitorizar a sua atividade e comportamento à distância, para que possa ver até que ponto o seu treino para usar o bacio está a funcionar bem e até que ponto o seu passeador de cães é realmente honesto.

O que está no seu corpo: A tecnologia vestível foi talvez a que recebeu mais atenção nas conversas sobre a Internet das Coisas até à data. Muitos produtos estão agora na sua segunda ou terceira geração, oferecendo designs mais elegantes e maior integração com diferentes sistemas. Desde a monitorização da atividade física durante os treinos até aos padrões de sono e aos aparelhos auditivos, os dispositivos que "vestimos" estão a tornar-se muito mais sofisticados, ligando-se a todas as nossas contas nas redes sociais e registando muito mais dados qualitativos e quantitativos.

O número crescente de sensores detectará e actuará em função do ambiente e de outros factores contextuais, como as condições meteorológicas; terá conhecimento de quem e quantas pessoas se encontram nas proximidades para alterar os níveis de entrada e saída; e ajustar-se-á para poupar recursos e melhorar a segurança.

Com o número crescente de coisas conectadas nas nossas vidas, todos nós ficaremos mais em sintonia com os nossos próprios dados (a la Nike Fuelband) e começaremos a esperar interacções mais pessoais com as marcas e os retalhistas. Os profissionais de marketing terão de estabelecer uma relação de confiança com os consumidores e provar que, se estes cederem o acesso a alguns dos seus dados pessoais, receberão em troca ofertas, promoções e interacções mais personalizadas. Os smartphones tornar-se-ão não só o portal de todos para o ecossistema da Internet das Coisas (basta olhar para as lâmpadas controladas por

smartphones), mas também um controlo remoto completo da sua vida (se é que já não o é).
Todas as empresas têm de levar os telemóveis ainda mais a sério e considerá-los como um
ponto-chave dos futuros esforços de ligação.

As 10 principais tendências da loT

1. Plataformas

A plataforma é a chave do sucesso. As "coisas" ficarão cada vez mais baratas, as aplicações
se multiplicarão e a conetividade custará centavos. Não se esqueça de que as plataformas loT
reúnem muitos dos componentes da infraestrutura de um sistema loT num único produto. Os
serviços prestados por essas plataformas dividem-se em três categorias principais:

- Controlo e operações de baixo nível dos dispositivos, tais como comunicações,
  monitorização e gestão de dispositivos, segurança e actualizações de firmware.
- Aquisição, transformação e gestão de dados loT.
- Desenvolvimento de aplicações loT, incluindo lógica orientada para eventos,
  programação de aplicações, visualização, análise e adaptadores para ligação a sistemas
  empresariais.

l. Padrões e ecossistemas

As organizações que criam produtos podem ter de desenvolver variantes para suportar várias
normas ou ecossistemas e estar preparadas para atualizar os produtos durante o seu tempo de
vida à medida que as normas evoluem e surgem novas normas e APIs relacionadas", segundo
a Gartner. **Haverá uma batalha pela quota de mercado das aplicações de loT.** Com
milhares de milhões de dispositivos projectados para emitir petabytes de dados, os criadores
de aplicações terão um dia em cheio para lançar milhares, ou mesmo milhões, de aplicações
novas e interessantes. Mas, à semelhança do que acontece no mundo dos smartphones, todas
estas aplicações estarão a lutar pela quota de mercado, e apenas algumas chegarão ao topo
para serem valorizadas pelas empresas e pelos consumidores.

3. processamento de fluxo de eventos

De acordo com a Gartner: "Algumas aplicações loT gerarão taxas de dados extremamente
altas que devem ser analisadas em tempo real. Os sistemas que geram dezenas de milhares de
eventos por segundo são comuns, e milhões de eventos por segundo podem ocorrer em
algumas situações de telecomunicações e telemetria. Para atender a esses requisitos, os
sistemas **distribuídos**

surgiram plataformas de computação de fluxo contínuo (DSCPs). Normalmente, utilizam
arquitecturas paralelas para processar fluxos de dados de débito muito elevado para realizar
tarefas como a análise em tempo real e a identificação de padrões."

4. sistemas operativos

Existe uma grande variedade de sistemas que foram concebidos para fins específicos.

5 Processadores e arquitetura

A conceção de dispositivos com uma compreensão das necessidades desses dispositivos
exigirá **"competências técnicas profundas".**

6 Redes de baixa potência e de área alargada

As soluções actuais são proprietárias, mas as normas vão passar a dominar. Segundo a
Gartner: "As redes celulares tradicionais não oferecem uma boa combinação de características

técnicas e custo operacional para as aplicações loT que precisam de uma cobertura de área ampla combinada com largura de banda relativamente baixa, boa duração da bateria, baixo custo operacional e de hardware e alta densidade de conexão. O objetivo a longo prazo de uma rede loT de área alargada é fornecer débitos de dados de centenas de bits por segundo (bps) a dezenas de kilobits por segundo (Kbps) com cobertura nacional, uma duração de bateria de até 10 anos, um custo de hardware de ponto final de cerca de 5 dólares e suporte para centenas de milhares de dispositivos ligados a uma estação de base ou equivalente. As primeiras **redes de área alargada de baixo consumo (LPWAN)** baseavam-se em tecnologias proprietárias, mas, a longo prazo, as normas emergentes, como a **Narrowband loT (NB-IoT), irão provavelmente dominar este espaço."**

7 Redes loT de baixa potência e curto alcance

As redes de curto alcance que ligam os dispositivos informáticos serão complicadas. **Não haverá uma única infraestrutura comum** que ligue os dispositivos.

8 Gestão de dispositivos (coisas)

As coisas loT que não são efémeras - que vão existir durante algum tempo - vão exigir uma gestão como qualquer outro dispositivo (actualizações de firmware, actualizações de software, etc.), o que introduz **problemas de escala.**

9 Análise

De acordo com a Gartner, a loT exigirá **uma nova abordagem à análise. "**Atualmente, são necessárias novas ferramentas e algoritmos de análise, mas à medida que o volume de dados aumenta até 2021, as necessidades da loT podem divergir ainda mais da análise tradicional", segundo a Gartner. A moeda da loT será o "dado". Mas esta nova moeda só tem valor se **as massas de dados puderem ser traduzidas em conhecimentos e informações que possam ser convertidos em acções concretas** que transformem as empresas, mudem a vida das pessoas e produzam mudanças sociais.

lO.Segurança

De acordo com a Gartner, as ameaças vão muito além dos ataques de negação de sono: Trata-se de ataques que utilizam código malicioso, propagado através da Internet das Coisas, com o objetivo de esgotar as baterias dos dispositivos, mantendo-os acordados. De acordo com a Gartner, "a loT introduz **uma vasta gama de novos riscos e desafios de segurança** para os próprios dispositivos loT, as suas plataformas e sistemas operativos, as suas comunicações e até os sistemas a que estão ligados. Serão necessárias tecnologias de segurança para proteger os dispositivos e plataformas loT contra ataques de informação e adulteração física, para encriptar as suas comunicações e para enfrentar novos desafios, como a personificação de 'coisas' ou ataques de negação de sono que esgotam as baterias. A segurança loT será complicada pelo facto de muitas 'coisas' utilizarem processadores e sistemas operativos simples que podem não suportar abordagens de segurança sofisticadas."

I want morebooks!

Buy your books fast and straightforward online - at one of world's fastest growing online book stores! Environmentally sound due to Print-on-Demand technologies.

Buy your books online at
www.morebooks.shop

Compre os seus livros mais rápido e diretamente na internet, em uma das livrarias on-line com o maior crescimento no mundo! Produção que protege o meio ambiente através das tecnologias de impressão sob demanda.

Compre os seus livros on-line em
www.morebooks.shop

Printed by Books on Demand GmbH, Norderstedt / Germany